乡村旅游发展理论与实践研究

崔　妍◎著

黑龙江美术出版社

图书在版编目（CIP）数据

乡村旅游发展理论与实践研究 / 崔妍著 .-- 哈尔滨 : 黑龙江美术出版社 ,2025. 1.--ISBN978-7-5755-0827-8

Ⅰ .F592.3

中国国家版本馆 CIP 数据核字第 2024NY5738 号

乡村旅游发展理论与实践研究

XIANGCUN LüYOU FAZHAN LILUN YU SHIJIAN YANJIU

著：崔　妍
责任编辑：聂元元
责任校对：徐　研
装帧设计：百悦兰棠【BAIYUE LANTANG】
出版发行：黑龙江美术出版社
地　　址：哈尔滨市道里区安定街 225 号
邮政编码：150016
发行电话：0451-84270514
经　　销：全国新华书店
印　　刷：河北文盛印刷有限公司
开　　本：787mm×1092mm1/16
印　　张：10.75
字　　数：153 千字
版　　次：2025 年 1 月第 1 版
印　　次：2025 年 1 月第 1 次印刷
书　　号：ISBN978-7--5755-0827-8
定　　价：58.00 元

前　言

在当今快速城市化的进程中，乡村旅游以其独特的魅力，成为连接自然与文化、传统与现代的纽带，对推动地方经济发展和促进乡村振兴发挥着举足轻重的作用。随着人们生活水平的提高和休闲需求的增加，乡村旅游逐渐成为都市人逃离喧嚣、寻找心灵慰藉的首选。它不仅为游客提供了亲近自然、感受乡村风情的机会，更为农村地区带来了经济发展的新契机。发展乡村旅游，可以充分挖掘和利用乡村资源，促进农业与旅游业的深度融合，推动农村产业结构的优化升级，从而为实现乡村振兴战略目标贡献力量。因此，深入研究乡村旅游的发展理论与实践，对于探索适合我国国情的乡村旅游发展模式，具有重要的现实意义和深远的历史意义。

本书从乡村及乡村旅游的基本概念出发，详细阐述乡村旅游的特点、功能和类型，并进一步以科学理论为基础，剖析乡村旅游发展的条件、原则和动力机制。同时，本书还探讨乡村旅游的发展模式、路径选择和有效保障，为实践提供清晰的指导。在规划设计方面，主要探讨乡村旅游资源的挖掘与开发、乡村旅游形象设计，结合实践案例，使理论与实践紧密结合。值得一提的是，本书还前瞻性地探讨乡村旅游的数字化发展，研究数字化技术在乡村旅游中的应用及其与乡村旅游高质量发展的关联。全书内容丰富，既有理论深度，又有实践指导意义，为乡村旅游的发展提供全面的参考。

本书在写作过程中，笔者获得了许多专家和学者的帮助与指导，在此表示衷心的感谢。由于笔者的能力有限，加之时间紧迫，书中可能存在一些遗漏之处，希望读者们能够提供宝贵的意见和建议，以便笔者进行进一步的修订，使其更加完善。

目　录

第一章　乡村与乡村旅游的基本认识

第一节　乡村的界定及发展特征

一、乡村的概念界定

“乡村”是一个复合名词。

“乡（鄉）”一字有多层含义：首先，从空间属性的维度考察，《说文解字》中述及“乡，乃国离邑民所封之地也”，明确了其地理空间的划分。其次，从文化心理层面分析，“乡”常被理解为个体成长之地或祖籍所在，唐代柳宗元所作《捕蛇者说》中的“三世居是乡”便是典型例证，体现了人们对故土的深厚情感。再者，就行政区划的视角而言，“乡”作为中国基层行政组织，其地域界定随历史变迁而有所差异。具体而言，周代以一万二千五百家划为一乡；春秋时期的齐国则以十连为乡；汉代则规定十亭组成一乡；及至唐宋之后，乡主要指代县级以下的行政单位。尽管历史上“乡”作为行政单位的空间界定不断演变，但其承载的乡土文化特性却历久弥新，持续传承。综上所述，“乡”字可理解为古代以来国家行政单位下能够产生认同感和归属感的空间文化区域。

“村”一字在《说文解字》中指乡下聚居的处所，同时也指代农村基层组织。作为形容词，“村”在一段历史时期内曾代表一种落后的价值观念和粗俗的行为习惯，如“村蛮”“村夫”，体现了传统自然聚落环境下，社会文明普遍落后的状况。

“乡村”一词发展至今已成为“农村”的代名词，其概念认知主要有以下三种基本视角：①基于乡村的地理空间属性，根据乡村空间和功能的非城市特征来界定乡村，即城市范围之外的地域统称为乡村。②基于乡村的政治经济属性，根据生产方式、生活方式的非城市化特征来区分乡村，服务于农村经济生产与管理，即以农业生产为主的地域就是乡村。③基于乡村的社会文化属性，具有乡土文化氛围和农村社会结构特征的社区或区域，可称之为乡村。[①]

二、乡村发展的特征分析

乡村，作为人类社会活动的重要空间载体，具有丰富的历史文化底蕴和生态资源价值，是国家发展不可或缺的基础。随着全球化的深入发展和城市化进程的加速推进，乡村地区正经历着前所未有的变革与挑战。在这一背景下，深入探讨乡村发展的特征，对于理解乡村社会的内在逻辑、把握乡村发展的规律、制定科学合理的乡村振兴战略具有重要意义。

（一）乡村要素分散性和发展自组织性

乡村地区相较于城市，其最显著的特征之一便是要素的分散性。这一特性主要体现在居民点布局、土地资源分配以及经济活动的空间组织上。乡村居民点的分散，是历史沿革、地形地貌及农业生产方式等多重因素共同作用的结果，导致服务设施如教育、医疗、文化娱乐等难以形成规模效应，增加了公共服务供给的难度与成本。土地资源的细碎化，则是由于家庭联产承包责任制等

① 何杰、程海帆、王颖：《乡村规划概论》，华中科技大学出版社，2020，第3页。

政策的实施，以及传统农耕文化的影响，这使得乡村土地被分割成众多小块，不利于现代农业技术的推广和规模经济的实现。在此背景下，乡村发展呈现出较强的自组织性，村民往往根据自身需求和条件，自发组织生产、生活活动，这种自组织性虽然增强了乡村社会的韧性，但也因其缺乏统一规划和指导，可能导致资源浪费和效率低下。

（二）乡村空间异质性和类型多样性

乡村空间异质性，是指乡村地区在自然环境、经济条件、社会文化等方面存在的显著差异。这种异质性不仅体现在地理空间的分布上，如山区、平原、水乡等不同地形地貌下的乡村形态，还体现在经济发展水平、产业结构、人口结构等社会经济特征的多样性上。类型多样性，则是基于空间异质性而产生的乡村发展模式的多样性，如农业主导型、乡村旅游型、特色产业型等多种发展模式。乡村空间异质性和类型多样性，要求乡村发展策略必须因地制宜，充分考虑当地资源禀赋、文化传统和市场需求，避免盲目照搬城市或其他乡村的成功模式，以实现可持续发展。

（三）乡村发展对区域和城市的依赖性

乡村发展并非孤立存在，而是与所在区域乃至更广泛的城市体系紧密相连的。一方面，乡村作为粮食、原材料等基础资源的供给地，对保障国家粮食安全和城市经济发展具有重要作用。另一方面，乡村在基础设施建设、公共服务提供、市场信息获取等方面，高度依赖区域和城市的支持。随着城乡融合发展战略的深入实施，乡村与城市之间的互动更加频繁，城市的技术、资金、人才等要素向乡村流动，促进了乡村产业升级和现代化建设。同时，乡村也通过生态产品供给、文化旅游开发等方式，为城市提供了休闲度假、科普教育等多元化服务，增强了城乡之间的互补性和协同性。

（四）乡村产业发展受自然因素的约束

乡村产业发展，尤其是农业生产，受到自然条件的强烈约束。气候变化、水资源分布、土壤类型、地形地貌等自然因素，直接影响农作物的生长周期、产量和质量，进而影响农民的收入水平和乡村经济的稳定性。例如，干旱、洪涝等极端天气，往往给乡村农业带来巨大损失；而肥沃的土地、适宜的气候条件，则是农业高产稳产的基石。因此，乡村产业发展需充分考虑自然因素的制约，要采取科学合理的耕作方式，加强农田水利建设，提高农业抵御自然灾害的能力。同时，积极探索生态农业、休闲农业等新型业态，实现产业发展与生态保护的双赢。此外，还应利用现代信息技术，如精准农业、智能灌溉等，提高农业生产的智能化水平，减少对自然条件的过度依赖，推动乡村产业向绿色、高效、可持续方向转型。

第二节　乡村旅游的相关概念辨析

一、乡村旅游的概念内涵

一般乡村旅游主要指的是发生在乡村的旅游活动，此处的乡村主要是指相对于城市空间的其他空间区域。从某种意义上讲，“乡村”指明了旅游活动发生的空间区域，而“旅游”则反映了活动的本质。乡村旅游活动虽然发生在乡村，但它并不是人们到乡村劳作，也不是到乡间开展调查活动，而是到乡间休闲、旅游。

乡村旅游并非全然局限于乡村地域范围内的旅游活动。诚然，部分乡村周边已开发出风景区、度假区，若旅游行为之目的单纯聚焦于此类风景区（例如，专程前往云南九乡风景区游览）或度假区，则不应被划归为乡村旅游范畴。同理，前往此类度假区休假之行为，亦不可简单等同于乡村旅游。此外，那些纯粹以乡村周边自然保护区、原始森林、崇山峻岭、江河湖泊等为目的地的自然探索与冒险旅游活动，同样不宜直接纳入乡村旅游的界定中。

众所周知，乡村是有人生产和生活的聚落，因此“人”就成为关键的因素，这里的“人”应该是指农民、牧民、渔民等，此处称之为“乡村人”。而人之所以称为人，区别于一般动物的关键在于文化，乡村区别于城市的关键也在于文化的不同，所以，可以将乡村性称之为乡村人创造的乡村文化。通常情况下，这种文化主要体现在两个方面：第一，有形的乡村文化，如乡村建筑、乡村服饰、乡村环境等；第二，无形的乡村文化，如乡村制度、民俗风情、精神面貌等。从某种意义上讲，乡村的这两种文化形式组成了乡村旅游资源的内核，这在一定程度上也表明那些与乡村文化无关的旅游，不能称之为乡村旅游。换言之，乡村旅游不仅要发生在乡村区域，同时也要是有关乡村文化的旅游。

除此之外，乡村旅游还蕴含着一个至关重要的要素，即活动的实施旨在促进当地农民经济收入的增长。为达成此目标，乡村旅游目的地的农民理应有权享有由旅游活动所带来的经济利益。因此，乡村旅游可被界定为一种由当地村民直接投资或参与接待服务的旅游形式。倘若缺乏当地村民的积极参与，此类旅游活动便无法被正当地称为乡村旅游。

由此可以对乡村旅游的内涵进行相应的归纳，具体可以从三点深入了解乡村旅游：①旅游活动开展的空间为乡村。②乡村文化是开展旅游活动的直接基础。③当地村民可以享受旅游活动带来的收益。

综上所述，可以将乡村旅游定义为一种发生在乡村区域的旅游活动，并且乡村文化是旅游活动开展的基础，同时乡村旅游的开展是为了提升当地村民的经济收入，当地村民可以从乡村旅游活动中获得相应的收益。只有同时满足这三个条件的旅游活动才能称之为乡村旅游。

二、与乡村旅游相关的概念

（一）农村旅游与乡村旅游

通常情况下，人们会把乡村看作是农村，但是乡村和农村并不相同，二者之间有一定的区别。所谓的农村指的是从事农业活动的人居住的地方，而乡村则不同，在乡村中有各种类型的人，并不是所有的人都是农民。从当前我国乡村和农村的发展情况来看，二者之间并没有太大的差别，但是在国外，二者之间的差别十分明显，乡村的范围要大于农村的范围，农村属于乡村的构成部分，因此农村旅游属于乡村旅游的一部分。

（二）农家乐与乡村旅游

“农家乐”就是在乡村环境中，以吃农家饭、住农家屋、干农家活、享农家乐为特征的一种旅游形式。很显然农家乐符合乡村旅游的条件，农家乐属于乡村旅游的范畴。但乡村旅游并不等于农家乐，首先，从旅游活动的空间来说，虽然农家乐的活动空间属于乡村，但其重点在“农家”，而乡村旅游的空间在整个“乡村”，因此乡村旅游的范围更大更广；其次，从旅游的开发以及经营主体来看，农家乐是以单家单户为主来开展的，而乡村旅游则可能以整个乡村（村寨）来组织开发与经营。从这个意义上讲，农家乐是一种乡村旅游，而且是乡村旅游的初级形式，乡村旅游是农家乐的进一步发展和提升。

（三）农业旅游与乡村旅游

农业旅游与观光农业很相似，都是以农业为基础，把旅游与农业结合起来的一种旅游形式。为此，可以将那些在乡村区域开展的具有乡村性质的农业旅游称之为乡村旅游，而那些没有发生在乡村区域的农业旅游则不是乡村旅游。比如在现代农业科技园区以参观、考察、学习现代无土栽培、现代转基因农业、现代喷灌技术等为主要目的的旅游是农业旅游，但显然不属于乡村旅游。

（四）观光农业与乡村旅游

从字面上看，观光即游览。一般而言，观光农业是建立在农业的基础之上，它是将旅游与农业融合发展的现代农业。观光农业深受世界各国的重视，目前国外的观光农业有较好的发展。就目前世界各国观光农业的发展状况来看，主要有以下形式：

第一，观光农园，这种形式的观光农业主要是将地点设置在城市郊区或风景区附近，在这些区域开辟水果园、蔬菜园、花圃以及茶园等，然后吸引游客前来采摘，感受田园生活乐趣。目前这种形式在国外十分流行。

第二，农业公园，这种形式的观光农业是将公园经营的理念融入农业之中，并将农业生产场所、农产品消费场所及休闲娱乐场所融为一体。

第三，观光农场，指的是在传统农场的基础上，把农场打造为集观赏、采集、教育、体验等于一体的农业与旅游业的复合体。

第四，教育农园，这种观光农业形式是将农业生产与农业科普融为一体的经营形态。

由此可以看出，一部分观光农业也可被视为乡村旅游业，比如在乡村开发的观光农园、教育农园以及观光农场等。但另一些观光农业并不属于乡村旅游业的范畴，比如在城市附近应用纯粹的现代农业技术开发建设的现代农业观光农园，它虽然也有旅游的功能，但由于其不在乡村，也不具有乡村文化的元素，因此不能称之为乡村旅游。

（五）民俗旅游与乡村旅游

通常情况下，人们所说的民俗文化指的是一个地区的民间传统文化，它是经过一代又一代人传承下来的文化。当前的民俗旅游就是建立在传统文化基础上的。从当前我国民俗文化的存在情况来看，不仅乡村地区有民俗文化，城市也有乡村文化，如北京民俗文化、云南纳西民俗文化。由此可以看出，民俗旅游与乡村旅游并不对等。具体来讲，我们可以将民俗旅游细分为乡村民俗旅游和城市民俗旅游两种类型，其中乡村民俗旅游属于乡村旅游的范畴，而城市民俗旅游则不属于乡村旅游的范畴，乡村旅游和民俗旅游二者之间有相互重叠的部分，同时也有不同的部分。

第三节　乡村旅游的特点与功能

一、乡村旅游的基本特点

乡村旅游，作为一种新兴的旅游形态，其独特魅力在于乡村所独有的自然景致与深厚的人文底蕴。它以农村地区的秀丽风光、原生环境、特色建筑及乡土文化为基石，超越了传统的农村休闲观光与农业体验范畴，通过积极开发会务度假、休闲娱乐等多元化项目，形成了一种集多种功能于一体的新型旅游方式。乡村旅游的核心竞争力就植根于其一系列鲜明的特点之中。

（一）旅游市场的相对集中性

旅游市场的相对集中性主要是指乡村旅游的目标客源主要是城市居民和国内旅游客源市场。从目前我国乡村旅游发展情况来看，乡村旅游的消费主体主要为经济较发达的大中城市的居民，他们拥有能够自由支配的收入、空暇时间以及休闲解压的出游动机，这三大要素决定了他们是乡村旅游的消费主体。我国乡村旅游市场的扩张首先在一二线城市，随后才发展到三四线城市。相对集中的客源市场让乡村旅游的经营存在明显的淡旺季。周一至周四乡村旅游景点较为冷清，但是从周五开始乡村旅游景点游客量明显增加。

（二）旅游效益的综合带动性

乡村旅游的效益体现在经济、社会、环境等多个维度，具有显著的综合性。在众多县市，乡村旅游已成为推动当地经济增长的重要引擎。它不仅能够直接刺激游客消费，产生经济效益，还能对乡村文化和环境起到积极的保护作用。此外，乡村旅游促进了产业间的协同发展，农业、林业、牧业、副业、渔业等产业有机融合，提升了产业链的整体附加值。例如，乡村旅游的成功案例河南省栾川县通过实施“一镇一品”战略，有效提升了当地旅游商品的市场价值。

（三）旅游消费者行为的规律性

乡村农业生产活动有春、夏、秋、冬四季之分，因此，季节会对乡村旅游活动造成影响。在我国，夏季和秋季乡村旅游相对火爆，春季由于气候宜人、万物复苏，也会掀起游客到乡村踏青的旅游浪潮，但冬季旅游则较冷淡。由此可见，乡村旅游具有较强的季节性，旅游活动具有一定规律。除了季节的差异，旅游消费者在出游行为上也表现出经常性。城市居民进行乡村旅游主要集中在周末或节假日，由于时间的限制、出行方式与其他因素的干扰，城市居民一般会选择距城市较近的郊区或乡村，乡村旅游便成为居民们调节生活方式的经常性活动。

（四）旅游资源的丰富多样性

乡村既有类型丰富的自然生态景观，又有各具特色的人文景观；既有独特的农业资源，又有民俗文化资源。资源丰富多样、气候宜人，为乡村旅游的开展奠定了良好的基础。乡村旅游资源品质越高、品类越丰富，对游客越有吸引力。这也决定了现阶段乡村旅游不再是单一的观光旅游，而是包括养生休闲、康体娱乐、科普教育、寻踪探险等在内的多功能复合型旅游活动。

（五）旅游产品的地域文化性

中国广袤的土地上分布着成千上万的乡村，每个乡村都因其地理位置、历史背景和社会文化的不同而呈现出独有的地域特色。同时，中国作为统一的多民族国家，乡村是许多民族文化的发源地，农业生产历史悠久，劳作形式多样，民风民俗、传统节日和民间文艺活动丰富多彩，这些都为乡村旅游增添了浓厚的乡土文化气息，使游客在体验中感受到深厚的文化底蕴。

二、乡村旅游的多维功能

（一）审美愉悦与心灵慰藉

乡村地区以其独特的自然风光，为游客营造了一种远离尘嚣、心旷神怡的审美体验。田园生活的宁静与和谐，不仅是都市人心中的理想图景，也深深植根于我国悠久的文化传统之中。乡村的空气清新无污染，生态绿色的蔬菜瓜果遍地，这些都构成了乡村田园生活的精致画卷。对于长期生活在城市、面临繁重生活压力的人们而言，乡村旅游提供了一种审美上的愉悦感受，成为心灵慰藉的重要源泉。

（二）压力释放与休闲养生

乡村生活的慢节奏与城市生活的快节奏形成鲜明对比，人们在这里可以遵循日出而作、日落而息的传统生活方式，体验吃穿住行的传统习俗。对于都市人来说，乡村旅游是一种释放生活和工作压力的有效途径。游客在乡村可以放下沉重的负担，遗忘生活的烦恼，从而释放心中的压力与不愉快。因此，乡村旅游成了人们休闲养生、缓解压力的理想方式。

（三）教育启蒙与知识传递

随着城市化的不断推进，许多儿童自幼便生活在城市中，对土地和农作物缺乏了解。父母带领儿童参与乡村旅游，可以让他们在游玩的过程中学习农业生产知识和了解大自然。儿童可以通过参与农村劳动，了解农业生产的奥秘；在品尝乡村菜肴的过程中，认识植物和蔬菜。这种寓教于乐的方式不仅让儿童在愉悦的氛围中学习知识，还有助于培养他们对大自然的热爱和尊重。

（四）经济振兴与居民致富

乡村旅游，可以将城市的资源引至乡村地区，促进城乡之间的交流与合作。大量流动人口的涌入，为乡村地区带来了巨大的消费潜力，吸引了资本的关注。乡村旅游的开展推动了乡村地区的产业发展，为乡村居民提供了大量的就业机会。他们通过参与乡村旅游的各个环节，实现了自身价值，并获得了劳动报酬。这一系列的产业发展改变了乡村地区的经济面貌，提高了乡村居民的生活水平，为他们走向富裕提供了有力支持。

（五）乡貌改观与文明提升

大量涌入的城市居民给乡村带来了新的思想和观念，对乡村地区的居民产生了积极的影响。乡村居民的视野得以开阔，思想观念得以更新，这有助于推动乡村地区的文明进步。同时，乡村旅游的发展也促进了乡村生态环境的改善和社区居民精神面貌的提升，形成了良好的乡风文明氛围。

（六）文化传承与民族认同

在城市化进程中，乡村地区作为民族文化的保留地，保留了许多传统的要素和民族古老的生活生产习惯。通过乡村旅游，城市居民可以深入了解传统文化和民族特色风物，增强对民族文化的认同感和自豪感。这种文化传承与民族认同的功能，不仅有助于弘扬民族文化，还有助于促进民族团结和社会和谐。

第四节　乡村旅游的类型划分

乡村旅游以其独特的自然风光和丰富的文化体验，吸引着越来越多的游客。类型多样、各具特色的乡村旅游，为游客提供了丰富多彩的选择。

一、根据发展依托对象来划分

乡村旅游的发展往往依赖于其所在地的自然资源、人文景观及社会经济条件，这些因素共同构成了乡村旅游的依托基础。据此，乡村旅游可划分为以下三种主要类型：

（一）农田依托型乡村旅游

农田依托型乡村旅游，是以农业生产活动及其所形成的田园风光为核心吸引力的旅游模式。此类旅游通常发生在农村地区，以广阔的农田、果园、茶园等为背景，游客可以亲身体验农耕文化，参与农作物种植、采摘、加工等活动，感受农事乐趣。此外，农田依托型乡村旅游还往往与农产品销售、乡村餐饮等相结合，形成产供销一体化的乡村旅游产业链。此类型乡村旅游不仅促进了农业与旅游业的融合发展，还提高了农产品的附加值，为农村地区带来了新的经济增长点。

（二）乡村聚落依托型乡村旅游

乡村聚落依托型乡村旅游，是以乡村聚落（如古村落、民族村寨等）及其所承载的历史文化、民俗风情为主要吸引物的旅游模式。这类旅游强调对乡村历史文化的挖掘与传承，游客可以通过参观古建筑、体验传统手工艺、参与民俗活动等，深入了解乡村的历史变迁与文化底蕴。乡村聚落依托型旅游还注重保护乡村生态环境，促进乡村旅游的可持续发展。通过此类旅游，游客不仅能够获得独特的文化体验，还能增进对乡村社会的认识与了解。

（三）复合型乡村旅游

复合型乡村旅游，是指将农田、乡村聚落等多种资源要素进行有机整合，形成具有综合吸引力的旅游模式。此类型乡村旅游通常涵盖了农业生产体验、乡村文化传承、自然景观观赏等多个方面，为游客提供更为丰富多样的旅游体验。复合型乡村旅游注重资源之间的互补与协同，通过科学合理的规划与设计，实现乡村旅游的多元化发展。此类旅游模式的实施，有助于提升乡村旅游的整体品质，增强其对游客的吸引力，进而推动乡村经济的全面发展。

二、根据对资源和市场的依赖程度来划分

乡村旅游的发展既离不开丰富的自然资源与人文景观，也离不开广阔的市场需求。根据对资源和市场的依赖程度，乡村旅游可进一步划分为资源型和市场型两种类型。

（一）资源型乡村旅游

对乡村资源依赖程度较高的乡村旅游地，资源品位一般较高，特色较浓。这种类型的乡村旅游主要依靠丰富而独具特色的旅游资源吸引游客，典型的如云南普洱市澜沧县的景迈山、丽江黎明的老君山等地。

根据乡村旅游依托资源本底的不同，还可将此类乡村旅游地进一步划分为历史文化型（包含民族民俗）、自然生态型、农业元素型（产业型）。

1. 历史文化型（包含民族民俗）

这是一种依托古民居、古街巷、古民俗等历史文化价值高的乡村文化遗产，以文化的保护与再利用为核心，围绕文化遗存发展旅游，形成文化记忆浓

厚、文化体验性强的文化主导型乡村旅游发展模式。这一类型强调空间的聚拢性，区域面积不大，自然山水优美或文化特色鲜明，古村落、古民居、古街巷等保存较好，具有很强的文化传承性和不可再生性，如安徽的西递村和宏村，云南建水西庄的团山村、腾冲的和顺镇、丽江玉龙县的宝山乡、澜沧县的老达保村等。此类乡村旅游的发展必须处理好开发与保护之间的关系，处理好外来经营者与居民、游客与村民的关系。

2. 自然生态型

这是一种以原汁原味的乡村自然生态为核心吸引力的乡村旅游地类型。此类型乡村旅游地多以乡村生态景观、乡村文化吸引游客。此类型多位于都市郊区，离市中心较远，是城市的“郊野公园”。因山水生态环境清新，地方民俗独特，这种旅游发展从乡村生产生活区向周边自然山水环境范围延伸，形成乡村旅游片区。例如桂林的龙脊梯田、丽江玉龙县的玉湖村、昆明的西山区团结街道等。

3. 农业元素型（产业型）

这是一种以乡镇、村落为单位，依托原有或可引进的农业（农、林、牧、渔）、工业（加工制造业）及文化服务业，以产业发展为主题的乡村旅游。产业型乡村旅游以主题产业的生产、生活旅游体验为特色，将旅游发展成为具有一定规模的主题特色产业，进而带动乡村产业结构调整优化，形成产业引导型的乡村旅游发展模式。此类型乡村旅游地多依托城市和知名景区（点），处于环城游憩带，产业主题性强，旅游活动受农业产业影响大，特色产业资源是关键。

在发展过程中，此类乡村旅游地的乡村生活区向农业生产范围延伸，空间再塑性强。发展初期多以政府引导性投资为主，后期随着产业壮大，社会资金开始注入并不断壮大。如三亚玫瑰谷以玫瑰种植为基础，建设婚纱摄影基地，打造休闲观光农业旅游产业、玫瑰衍生产品加工产业，建立全国香精香料集散地，分期建设玫瑰鲜切花基地、玫瑰文化园、玫瑰风情小镇，走出了一条“农业＋旅游＋玫瑰文化”的路子。其他还有云南石林的杏林大观园、普洱景迈山的普洱茶庄园等。

（二）市场型乡村旅游

市场型乡村旅游主要分布在经济发达、人口众多且交通便捷的地区，尤其是大中城市的周边区域。这类乡村旅游地通常是在原有的农业和现代农村聚落景观基础上，融入现代科技元素，以满足大中城市庞大的旅游市场需求而发展起来的。

市场型乡村旅游更加注重迎合市场需求与游客偏好。它们会根据市场动态灵活调整旅游产品与服务，旨在满足游客日益多样化的需求。由于这类旅游通常发生在市场需求旺盛且交通便利的乡村地区，因此，打造特色旅游品牌和提升服务质量成为吸引游客的重要手段。

此外，市场型乡村旅游还注重创新与差异化发展。它们通过不断推出新颖、独特的旅游产品，保持对游客的持续吸引力，从而在激烈的市场竞争中保持竞争力。

三、根据形成机制来划分

根据各方在乡村旅游系统中所起作用的不同，可以将乡村旅游分为三种类型，包括需求拉动型、供给推动型和政策扶持型。

（一）需求拉动型

需求拉动型主要受市场需求的影响，一般位于城市及知名景区周边。这一类型乡村旅游的资源本底也很重要，但不起决定性作用。如浙江省湖州市德清县的莫干山，一方面是由于外来人经营改善了农家乐的品质，发展成了民宿聚居区；另一方面是由于其周边有包括上海、杭州和南京在内的巨大的长三角旅游市场，该市场的个性化、品质化和国际化需求旺盛，对乡村旅游地的发展起到了更大的推动作用。其他的如北京昌平区康陵村、成都郫都区农科村等都是依托大城市巨大的市场需求，形成发展的根本动力。

（二）供给推动型

供给推动型是指主要受旅游供给因素的驱动，逐步发展成为具有独特吸引力的乡村旅游目的地。这一类型的乡村旅游地与当地资源的关联度极高，其发展往往建立在一定的经济基础之上，要求具备足够的实力来开发特色乡村旅游产品，以满足市场需求。如陕西的袁家村，便是通过有效的供给推动，成功打造了知名的乡村旅游品牌。

（三）政策扶持型

政策扶持型主要指受政府政策推动和扶持作用发展起来的乡村旅游地。此类乡村旅游地主要分布于西部地区或经济发展相对滞后的乡村。这样的地方远离客源市场，但因资源本底较好，发展乡村旅游具有一定的潜力，在政策的引导下开始发展乡村旅游。典型案例如西藏林芝市扎西岗村、浙江湖州市安吉县高家堂村、云南临沧南美村、云南弥勒的可邑村、昆明宜良的阿路龙等。

四、根据参与主体来划分

根据乡村旅游参与主体在乡村旅游活动中所起作用的不同，将乡村旅游划分为以下类型：

（一）农民主导型

农民对自己所拥有的旅游资源进行管理，自主、分散、独立经营，各自承担经营风险，并独享经济收益。该类型能最大限度地维护农民的利益。根据实际经营结构组织的不同，可细分为“农户＋农户”、个体农庄、村集体三种农民主导的乡村旅游经营模式，突出村民参与，形成发展合力。

（二）政府主导型

由政府直接（成立管委会）统筹规划开发与运营管理，以旅游发展收益反哺资源保护，并为当地居民提供就业机会，促进农民增收。随着市场经济的发展，政府统筹运营管理的乡村旅游项目中，也出现了市场化运作的现象，即政府成立旅游开发公司，执行乡村旅游项目的市场运营工作。如贵州雷山县千户苗寨、江苏的周庄、云南腾冲的司莫拉佤族村等都比较有代表性。

（三）企业主导型

在一些资本经济活跃度高、市场相对成熟、土地与资金政策改革试点的区域，如经济发达的长三角地区等，开始出现以企业主导、以成熟的公司组织架构来投资开发并运营管理乡村旅游项目的乡村旅游发展方式。

（四）混合型

乡村旅游的开发运营进入优化调整期，从前期的农民主导型、政府主导型、企业主导型转向混合型，即由农民、政府、企业、投资商等多方共同参与乡村旅游的开发运营管理，充分发挥各类主体的独特经营优势，避免了单一主体主导的局限性，多方通力协作，合理协调不同相关者的利益诉求，优化运营管理。

五、根据区位条件来划分

乡村旅游的发展还与其所在的区位条件密切相关。不同的区位条件为乡村旅游提供了不同的发展机遇，进而形成了各具特色的乡村旅游类型。

（一）中心城镇依托型

这种类型的乡村旅游地分布于城郊或环城带，以中心城镇游客多次重游为主，依托中心城镇的配套服务和空间延伸，提供差异化、特色化的乡村旅游产品和服务。这一类型的乡村旅游比较容易集聚，形成环城游憩带，与中心城镇形成共生关系，业态上以吃、住、娱为主。

（二）重点景区依托型

这种类型的乡村旅游地分布于成熟景区周边或内部，或自成景区，以景区客源一次性游览为主，属于景区部分功能的外溢和延伸，以吃、住、购等业态作为景区的补充并服务到景区游览的游客。此类乡村旅游地与景区形成寄生关系，并且以景区为中心呈放射状分布，在业态上与所依托的景区相互补充，主要是餐饮、住宿和购物。例如，慕田峪国际文化村依托慕田峪长城景区流量和服务，形成艺术家和游客的集聚；西递宏村依托黄山景区，形成自主目的地等。

（三）优势资源依托型

这种类型的乡村旅游地区位相对独立，依托具有竞争力和绝对优势的资源，如可视性较强的景观资源、聚集特色的文化遗产或是富有竞争力的产业形态，通过外来的资本注入、客源导入等实现快速发展，以自身为中心向周围辐射进行自我生长，形成聚集区或功能区、目的地，未来可向景区依托型转变。如黑龙江省牡丹江的雪乡，云南大理双廊和新华村、红河甲寅、新平戛洒、丽江黎明黎光、文山丘北普者黑等。

（四）交通干线依托型

这种类型的乡村旅游地依托具有目的地性质的景观道，沿线分布，组团发展，形成具有特色的乡村旅游集聚点，客源来自景观道的自驾或团队群体。如 318、324、214 等国道沿线，景观变化大、跨度大，具有发展乡村旅游的优势。环太湖沿线、云南昆明—大理—丽江—迪庆高速公路沿线及高铁沿线等都具有发展乡村旅游的较大优势。

六、根据科技含量来划分

随着科技的不断发展，乡村旅游也逐渐融入了更多的科技元素，科技含量的不同为乡村旅游带来了不同的体验和发展方向。

（一）现代型

这是科技含量比较高的乡村旅游地。一般位于大中城市附近，在原有农业的基础上，融入现代科技，进行人工设计，形成一个“自然—人工”系统，典型的如农业科技园。此类型乡村旅游地以农业观光为主，多分布在郊区的农、林、牧生产基地，功能多样，既可以为城市提供时鲜农产品，也可以开展农业观光、蔬果采摘等活动。

（二）传统型

传统型是指那些保持传统乡村风貌和文化特色，科技含量相对较低的乡村旅游。这类乡村旅游通常注重传承和弘扬乡村文化，通过展示传统农耕文化、民俗风情和手工艺等，为游客提供独特的文化体验。虽然传统型乡村旅游在科技应用方面相对较少，但它们通过挖掘和展示乡村文化的内涵和价值，仍然能够吸引大量游客前来体验和感受乡村的魅力。

第二章　乡村旅游发展的科学理论阐释

第一节　乡村旅游发展的理论依据

一、营销理论

首先从产品的角度，利用市场营销学理论中的产品整体概念来阐述乡村旅游产品，从不同的层次来把握乡村旅游的概念，然后利用发展的观点探讨生命周期的理论，运用纵向发展的观点，来把握乡村旅游不同阶段的发展特征与方向。在对乡村旅游产品本身有了初步的认知之后，再站在消费者的角度去了解消费者需求发展理论的相关内容，研究消费者需求的发展变化趋势，研究如何把乡村旅游产品的开发、经营与消费者需求进行对接。

（一）产品整体概念

关于产品的界定，本书认为美国市场营销学家菲利普·科特勒（PhilipKotler）的观点最为完善。菲利普·科特勒认为，凡是能够提供给市场，从而满足人类欲望与需要的东西都是产品，也就是说任何东西都有成为产品的可能性，而成为产品的唯一指标就是这样东西能否满足人类的欲望或者需要。在实践中，消费者评价一件产品的好坏主要是从产品的特色、产品的质量、产品的价格以及产品的相关服务来判断的。菲利普·科特勒从五个方面对产品的整体概念进行了界定：①核心产品，指向顾客提供的产品的基本效用。这是产品最基本的层次，涉及产品能够满足消费者某种需要的核心价值。②形式产品，指核心产品借以实现的形式，或目标市场对某一需求的特定满足形式。这一层次涉及产品的具体形式，包括品质、式样、特征、品牌及包装等因素。③期望产品，指购买者在购买该产品时期望得到的与产品密切相关的一整套属性。这一层次关注的是消费者对产品的期望，包括功能、设计、使用便利性等方面的期望。④延伸产品，指顾客购买形式产品和期望产品时，附带获得的各种利益的总和。这一层次涵盖了附加服务，如运送、安装、维修、产品三包等，这些服务增加了产品的价值，提高了顾客满意度。⑤潜在产品，指现有产品包括所有附加产品在内的、可能发展成为未来最终产品的潜在状态的产品。这一层次关注的是产品的未来发展和变革，包括可能的技术创新和功能改进，旨在满足消费者未来的需求和期望。[①]这五个层次共同构成了产品的整体概念，帮助企业全面理解产品的价值和如何满足消费者的需求，从而制定有效的市场营销策略。

如果将菲利普·科特勒关于产品整体的概念引入旅游产品中来，那么旅游产品的整体构成就包括可进入性、设施、服务与吸引物四个层面。可进入性指的是旅游产品能否进入旅游市场中，这要考虑到旅游产品与市场以及社会文化的契合度，例如很多旅游景区在开发旅游产品时都是围绕景区的特点进行的，这就是考虑到旅游产品的可进入性之后采取的措施。设施指的是旅游产品的生产与销售设施，既要考虑到成本与售价的比例问题，也要考虑到潜在的消费群体与设施成本之间的比例。服务指的是与旅游产品相关的服务，包括销售服务、售后服务等。吸引物指的是旅游产品是否具有对游客产生吸引力的内容，如果旅游产品不具备对游客产生吸引力的内容，那么该产品就很难获得消费者

① 金秋平：《动态的产品五层次概念》，《商场现代化》2007 年第 33 期。

的认可。

如果按照不同产品在旅游中的地位进行划分，旅游产品可以分为核心产品、形式产品和延伸产品三种类型。核心产品指的是那些消费者不可或缺的基本旅游产品，主要包括吃、住、行、购物、娱乐、游玩等；形式产品则主要是指那些借助核心产品来实现的一种无形产品，例如产品的品质、商标、价格等，根据市场营销的观点，产品之间的竞争更多的是集中在形式产品上，即在核心产品上大多数产品的价值差别并不是很大，但是商标、品质等形式产品却天差地别；延伸产品指的是那些从核心产品中延伸出来的一些新产品，例如售后服务等。

（二）生命周期理论

自然界中所有的生命体都有自己的生命周期，旅游产品也与自然界中的生命体一样，具有一定的发展周期。随着社会环境、竞争环境、消费者需求的变化，旅游产品的生命力也在不断地变化，充分把握旅游产品的生命周期对于旅游产品营销具有十分重要的意义。

正如生命有机体依自然规律进行新陈代谢一样，旅游地的发展也受到客观生命周期的局限。旅游的生命周期理论最早可以追溯到 20 世纪 30 年代末吉尔伯特（Gilbert）对英格兰内陆与海滨疗养胜地成长的研究。而克里斯塔勒（Chritaller）对一些欧洲旅游地发展历程的研究真正引发了西方学者对旅游地生命周期问题的广泛关注，他观察到旅游地都经历了一个相对一致的演进过程，即发现（discovery）、成长（growth）、衰落（decline）。其后的大量实例研究也表明，旅游地基本上都有一个由起步经盛而衰的过程。目前，国内外学者公认的经典旅游地生命周期理论是由加拿大学者巴特勒（Butler，1980）提出的，他将旅游地生命周期分为六个阶段，即探索（exploration）、起步（involvement）、发展（development）、稳固（consolidation）、停滞（stagnation）、复兴（rejuvenation）

或衰落（decline），并且引入了“S”形曲线来加以表述。①

在探索阶段，旅游地只有零散的游客，没有特别的设施，其自然和社会环境未因旅游而发生变化；进入起步阶段，旅游者人数增多，旅游活动变得有组织、有规律，本地居民为旅游者提供一些简陋的膳宿设施，地方政府被迫改善设施与交通状况；到了发展阶段，大量的广告宣传、外来投资骤增，简陋的膳宿设施逐渐被规模大、现代化的设施取代，旅游地自然面貌的改变比较显著；在稳固阶段，游客量持续增加但增长率下降，旅游地功能分区明显，地方经济活动与旅游业紧密相连，常住居民中有的开始对旅游产生反感和不满；到停滞阶段时，旅游地自然和文化的吸引力被“人造设施”代替，旅游地的良好形象已不再时兴，市场量维持艰难，旅游环境容量超载等相关问题随之而至；最后，旅游地衰落，导致当地房地产的转卖率猛然增高，旅游设施也大量消失，最终旅游地将变成“旅游贫民窟”，但旅游地也可能采取增加人造景观、开发新的旅游资源等措施，增强旅游地的吸引力从而进入复兴阶段。

旅游地生命周期理论描述了旅游地各个发展阶段的特征，可以作为预测乡村旅游目的地客源市场规模和产品创新开发的理论支撑，同时也为乡村旅游规划的调整提供了依据。

（三）消费者行为理论

人们对于消费者行为的关注由来已久。我国儒家学派的代表人物荀子提出“养人之欲，给人以求”，强调满足人们消费需要的重要性。古希腊哲学家亚里士多德（Aristotle）观察人们各种形式的“闲暇”消费行为，并论述了其对个体和社会产生的影响。尽管如此，关于消费者行为的专门研究，应始于19世纪末20世纪初，美国社会学家凡勃伦（Veblen）在1899年出版的《有闲阶

① 牟婷婷：《旅游地生命周期理论的评述及浅析》，《技术与市场》2021年第4期。

级论》(*TheoryoftheLeisureClass*)一书中，提出了炫耀性消费及其社会含义。而消费者行为作为一门独立的学科，仅仅有半个多世纪的历史。消费者行为理论又被称为效用理论，它研究消费者如何在各种商品和劳务之间分配他们的收入，以达到满足程度的最大化。该理论涉及三个方面的内容，即消费者的决策过程、影响消费者行为的个体与心理因素、影响消费者行为的环境因素。消费者的决策过程包括五个阶段，即问题认识、信息收集、评价与选择、购买、购后行为。影响消费者行为的个体与心理因素有消费者资源、需要与动机、知觉、学习与记忆、态度、个性、自我概念与生活方式等。这些因素不仅影响并在某种程度上决定消费者的决策行为，而且对外部环境与营销刺激的影响起放大或抑制作用。影响消费者行为的环境因素主要有文化、社会阶层、社会群体、家庭、情境、消费者保护等。

旅游者是消费者的一种类型，旅游者行为的研究对象是流动着的或者有流动意向的旅游者个体或群体。旅游者行为是一个集合的名称，它包括出发前的决策、旅途中的体验、旅程后的行为趋向和评价等内容。旅游决策是人们从产生旅游动机到开展旅游行为之间的过渡环节，是指个人根据自己的旅游目的，收集和加工有关的旅游信息，提出并选择旅游方案或旅游计划，并最终将选定的旅游方案或旅游计划付诸实践的过程。与其他决策一样，旅游决策是一个包括从内在的心理活动到外显行为的连续体，可以划分为一系列相关的阶段或步骤。旅游体验是指旅游者通过与外部世界取得联系从而改变其心理水平并调整其心理结构的过程，是旅游者的内在心理活动与旅游客体所呈现的表面形态和深刻含义之间相互交流、作用的结果，是借助观赏、交往、模仿和消费等活动方式实现的一个时序过程。旅游者结束旅程返回惯常环境之后，一般会在一定时段内对自己的旅游经历进行总结，对旅游体验的质量进行评价，并最终回归正常生活中的角色。旅游者满意度是衡量旅游体验质量的重要指标，通常用旅游体验与其旅游期望之间的对比关系来测量旅游者的满意度。当旅游体验大于或等于旅游期望时，旅游者都会获得满足感；当旅游体验小于旅游期望时，旅游者就会感到失望或挫折。

在消费者行为理论的指导下，乡村旅游在规划的过程中可以针对旅游者当前的消费特点和未来消费趋势设计出适销对路的乡村旅游产品和线路，满足旅游者的心理需求。同时，也可以针对市场心理特征，设计出引导乡村旅游者消费心理的营销策略，实现乡村旅游目的地的成功推广。

二、可持续发展理论

可持续发展观念的形成源于对当代许多不可持续发展状态的反思，其宗旨则是通过人与自然、人与人的和谐相处为当代和未来的人口谋福利。这意味着，人类必须在思想上形成“只有一个地球”“人与自然平衡”“平等发展权利”“共建共享”“区域间互利互补”等意识，承认世界各地发展的多样性，以体现高效和谐、循环再生、协调有序、运行平稳的良性状态。因此，可持续发展被明确地表述为一种“正向的”“有益的”过程，并强调发展的不可逆性、广泛性以及关联到“自然—社会—经济”的复合性。

根据可持续发展的主要内涵和具体内容，乡村旅游可持续发展的目标主要包括：一是乡村生态可持续发展。乡村的生态环境是自然生态与人文生态的结合体，乡村自然生态更为脆弱，而这种独特的生态环境也恰恰是乡村旅游兴起的主要原因，因此乡村旅游必须要实现生态的可持续发展，只有这样才能够保证乡村旅游的生命力。二是乡村社会和文化的可持续发展。独特的乡风民俗对游客具有极大的吸引力，但是在乡村旅游的发展中，乡村的民俗文化必将受到伴随游客而来的城市文化的影响，这种情况下就要确保乡村民俗文化的纯粹性，保证乡村民俗文化的可持续发展，否则乡村经济固然在乡村旅游的支持下得到了迅速的发展，但是发展的最终结果也不外乎是乡村城市化，最终走上城市发展道路，乡村旅游会因此逐步失去生命力。三是乡村经济可持续发展。随着乡村旅游的兴起，越来越多的地方政府开始将乡村旅游视为发展农村经济的重要手段。不可否认，乡村旅游对农村经济固然有极大的推动作用，但是简单地将农村经济发展寄托在乡村旅游上并不科学，从本质上来说乡村旅游是为满足人类的精神文化需求服务的，推动经济发展只是它的一个次要功能，因此不能简单地将乡村旅游“经济化”，而是要实现农村经济的可持续发展。以乡村旅游为突破口寻找不同的农村经济发展之路，确保农村经济不会因乡村旅游的没落而失去发展动力。

可持续发展理论强调保持人类享受利用资源的公平性，严格控制急功近利、重开发轻保护，甚至只开发不保护的现象，它为乡村旅游规划提供了一种全新的理念，即阶段性开发理念。乡村旅游规划与开发要具备一定的弹性，为未来进一步开发与建设提供空间，实施阶段性和局部性开发，注重经济效益、社会效益和生态效益的结合。

三、景观生态学理论

景观生态的概念最早是由德国生物地理学家特罗尔于 1939 年在利用航空照片研究东非土地利用问题时提出的。景观生态学是研究景观单元的类型组成、空间格局及其与生态相互作用的综合性学科，其研究对象和内容可概括为景观结构、景观功能和景观动态三个基本方面。在景观生态学的研究中，不仅要十分重视生态景观的形成和演变、格局与过程等基本问题，更不能忽略视觉景观是人类对环境感知的重要内容，是景观功能和价值的有机组成部分，富有生机、和谐、优美或者奇特的景观，是人类可以直接利用的资源。

斑块（path）、廊道（corridor）和基质（atrix）是景观生态学用来解释景观结构的基本模式，普遍运用于各种类型的景观，包括荒漠、森林、农业、草原、郊区和建成区景观，景观中任意一点或是落在某一斑块内，或是落在廊道内，或是落在作为背景的基质内。这一模式为比较和判别景观结构、分析结构与功能的关系和改变景观提供了一种通俗、简明和可操作的语言。斑块是外貌或性质上与周围地区有所不同的非线性地表区域，其形状、大小、类型、异质性及其边界特征变化较大。廊道是两边均与本地有显著区别的狭长地带。基质是景观分布最广、连续性最大的相对同质的背景结构，在很大程度上决定着景观的性质，对景观的动态起着主导作用。三者构成了景观生态学的形式基础，并且互相联系和影响。

乡村旅游目的地的景观是由形状、功能存在差异且相互作用的斑块、廊道和基质等景观要素构成的具有高度空间异质性的区域。通过景观生态学的理论研究，乡村旅游能够更好地发挥其生态功能作用。

四、RMP 理论

（一）RMP 理论的提出

RMP 理论是我国旅游规划管理专家吴必虎提出的一个全新的观点，是指导区域旅游发展的一项重要理论。所谓 RMP 理论指的就是 R—Resource 资源、M—Market 市场、P—Product 产品理论，其中“R”主要研究的是将旅游资源转化为旅游产品。[①] 随着旅游业的迅速发展，旅游业已经逐渐成为一种高投入、高风险、高产出的产业类型，这就需要在发展旅游业之前对旅游资源进行科学的评估，确定将旅游资源转化为旅游产品的有效路径。“M”主要研究的是旅游

① 吴必虎：《区域旅游开发的 RMP 分析——以河南省洛阳市为例》，《地理研究》2001 年第 1 期。

市场中对旅游产品的需求，这一研究包括两个内容：一个是旅游产品需求的弹性，即在一定时间内游客对旅游产品的需求变化；另一个则是旅游者的旅游动机，根据这一研究成果可以有针对性地制定旅游营销策略。“P”主要研究的是旅游产品的创新，即根据消费市场的变化以及旅游资源的特色，采取产品的创新或者重组等方式来打造新的特色旅游产品，从而保证旅游业旺盛的生命力。

（二）RMP 理论和乡村旅游规划

旅游资源、旅游市场、旅游产品从本质上来说是相辅相成的，旅游资源是打造旅游产品的基础，而旅游市场是将旅游资源转化为旅游产品的基本目标，旅游产品是实现旅游市场价值的基础载体，因此在实践中我们要同时兼顾旅游资源、旅游市场与旅游产品。具体来说，RMP 理论应用于乡村旅游规划中需要注意以下三个问题：

一是旅游资源问题。一般来说，对旅游资源的开发利用主要是通过调查与评估完成的，对旅游地区进行综合考察、测量、分析与整理，从而准确地了解旅游区的资源现状。但是在对旅游资源进行开发的过程中需要注意以下两点：第一点是要及时对旅游资源进行对比，包括同地区的旅游资源对比和不同区域的旅游资源对比，从而寻找出具有特色的旅游资源；第二点则是建立旅游资源档案，以便能够根据旅游资源的消耗来确定旅游资源的保护章程，实现旅游资源的持续利用。

二是旅游市场问题。从市场经济的角度来看，乡村旅游资源规划与开发的主要目的是促使乡村旅游产品能够顺利进入旅游市场，这也意味着在进行乡村旅游规划时应当准确把握住旅游市场的脉搏，否则乡村旅游资源与产品也就失去了存在的价值。对此需要注意两个问题：一个是旅游业的发展趋势，另一个则是旅游者的行为特征。只有对这两个问题有清晰的了解，才能够开发出具有前瞻性、符合旅游者需求的产品。

三是旅游产品问题。旅游资源的特色、旅游市场的定位最终都是通过旅游产品来实现的，可以说旅游产品是旅游资源与旅游市场的直接载体。好的旅游产品在满足市场需求的同时也能够极大地提高资源的价值，因此在开发设计旅游产品时要以旅游资源与市场为参照。

五、经济地理学理论

经济地理学是地理学的主要组成部分，是人文地理学以至整个地理学中具有很高理论与应用价值、发展前景广阔、发展相对较快的一门分支学科，在社会实践中发挥着重要作用。经济地理学是由俄国著名科学家罗蒙诺索夫首先提出来的。从 1826 年德国经济学家约翰・冯・杜能的《孤立国》、1882 年德国经济地理学家葛茨的《经济地理学的任务》、1893 年康奈尔大学和宾夕法尼亚州大学开设经济地理学课程，到 1925 年《经济地理》（*EconomicGeography*）杂志的出版，该学科一直处于地理学和经济学的边缘地位。因学科背景不同，地理学家和经济学家的经济地理学研究带有各自的特点。20 世纪以来，经济学家在经济地理学领域所做的理论建树具有较大的影响力。长期以来，中国经济地理学的发展道路比较独特。中国从 20 世纪 20 年代开始接受西方经济地理学理念，主要通过欧美学者讲学和在欧美留学的学生获得。到了 20 世纪 40 年代末，中国的经济地理工作主要涉及人口分布、土地利用、农业分区、边疆勘察和地区性考察等。进入 21 世纪后，中国经济地理学者在国家战略决策中扮演了重要角色，特别是在实施西部大开发战略、制定东北振兴规划、出台主体功能区划、编制重点地区的区域规划等方面，经济地理学者都发挥了主要的技术支撑作用。此外，经济地理学者还广泛参与了全国国土规划编制、数次灾后重建规划（资源环境承载力评价）、全国民用机场布局规划等工作。相应地，区域差异、区域发展战略、区域规划、主体功能区划等成为中国经济地理学研究的重要议题。

经济地理学是以人类经济活动的地域系统为中心内容的一门学科，它是人文地理学的一门重要分支学科，包括经济活动的区位、空间组合类型和发展过程等内容。经济地理学所涉及的研究领域相当广泛，并且随着时间的变化而不断变化，因地域不同而存在差异。近年来，经济地理学的发展演化带动了旅游发展理论的演变。经济地理学所具有的经济特性、空间特性和综合特性使其对于研究旅游业这样一个新兴的、涉及多个部门的经济行业具有独特的优势。由于旅游业是一个新兴的经济行业，其理论研究目前仍滞后于应用性研究，所以借鉴发展演变较快、紧跟时代潮流的经济地理学的前沿理论显得尤为重要。

第二节　乡村旅游发展的环境分析

一、乡村旅游发展的宏观环境

通常情况下，宏观生态环境主要是从全局角度出发，对乡村特色的大尺度景观以及其空间格局的描述。例如，农村用地结构（从宏观生态环境的角度来分析，主要包括农业用地、宅基地、公共用地，以及绿化用地的比例与结构方面的情况）、乡村文化（农耕文化、社会风貌，以及聚落风貌等）。

（一）经济环境

一个地区社会经济发展程度和总体水平，不仅影响着一个地区乡村旅游的开发程度，同时也直接影响着当地居民的旅游水平。通常情况下，经济环境主要包括以下两个方面：

1. 需求经济环境

经济发展水平直接决定了一个地区居民的旅游能力，同时这种持续的旅游能力也是促进当地乡村旅游发展的前提与基础。一般情况下，乡村旅游的主要客源为城市居民，为此乡村旅游地附近的城市居民的数量、城市规模以及城市发展水平对乡村旅游持续发展有十分重要的影响，这些影响因素是乡村旅游资源开发的重要依托，乡村旅游地周围的城镇布局、服务配套设施的数量种类规模等在极大程度上影响了乡村旅游需求的基础经济环境。[①] 目前，乡村旅游在发达国家得到了较好的发展，并成为国内度假稳定性较强的旅游方式之一。

2. 供给经济环境

供给经济环境则是指影响乡村旅游供给的外部经济条件。在供给方面，随着科技的进步和农业产业结构的调整，乡村地区的基础设施得到了显著改善，这为乡村旅游的发展提供了有力的支撑。

首先，交通基础设施的完善是乡村旅游发展的重要前提。近年来，许多地区都加大了对乡村交通建设的投入，改善了乡村道路状况，提高了乡村的可进入性。这不仅方便了游客的出行，也降低了乡村旅游的开发成本。

其次，信息技术的普及和应用为乡村旅游的营销推广提供了新的渠道。通过互联网和社交媒体等平台，乡村旅游目的地可以更加便捷地展示自身的特色和魅力，吸引更多的潜在游客。

再次，政府对乡村旅游的扶持政策也起到了积极的推动作用。为了促进乡村经济的发展和乡村振兴，各级政府纷纷出台了一系列优惠政策和拨付专项资金支持，鼓励社会资本投入乡村旅游开发。这些政策的实施有效地激发了市场

---

① 黄大勇：《论乡村旅游发展中的环境问题》，《重庆工商大学学报（社会科学版）》2007 年第 3 期。

活力，推动了乡村旅游的快速发展。

最后，农业产业结构的调整为乡村旅游提供了丰富的资源基础。随着传统农业向现代农业的转型，许多乡村地区开始发展特色农业和休闲农业，为游客提供了更加多样化的旅游体验。例如，观光果园、农家乐等新型农业旅游项目应运而生，成为乡村旅游的重要组成部分。

（二）开发资金

一般而言，乡村旅游的开发最终都是以资金的落实与资金的投入呈现出来，这也是保障乡村旅游项目开发的直接要素。为此，在判断乡村旅游开发的可行性时，我们要充分考虑财政的供给情况，确保资金可以如期到位，既要对国家及地方财政切块、税利提留、计划投入等做出分析，还需对部门投资、群众集资、外界捐赠的能力等做出评估与判断，同时还要考虑海内外，尤其是外资引入的可能性。

第一，劳动力保证。劳动力的数量、质量，劳动力的产业构成及其转化的可能性也是乡村旅游供给必须重视的一个方面。

第二，建设用地条件。开发地的用地情况直接关系到项目的布局和工程投资的大小，因此要对开发规划区域的面积、地形、工程地质及水文情况进行分析评价，判定规划用地开发利用的适用性和经济性。

（三）产业背景

产业背景包括客源地和目的地两方面的产业发展情况。对目的地来说，当地的经济发展情况在一定程度上影响了乡村旅游的开展，如果乡村旅游是建立在一个农业发展较为成熟的地区，当地的特色农业将会为乡村旅游发展提供源源不断的动力。从乡村旅游客源地的角度出发，如果客源地的经济发展较为发达，也会为乡村旅游的持续发展提供相应的动力。

1. 农业基础产业情况

通常情况下，一个地区农作物的种类、产量以及商品率都与该地区乡村旅游的发展密不可分。换言之，如果一个地区的农作物种类比较多，那么它就可以为乡村旅游发展提供更多的开发素材；如果一个地区的农副产品的种类、数量以及供应能力较好，也可以对乡村旅游发展产生较大的影响，为此要认真研究分析当地的农业基础。除此之外，农业科技程度也会对乡村旅游的发展产生一定的影响，它直接决定了乡村旅游的风格，是传统乡村旅游风格，还是现代农业风格，抑或是二者融合的恬淡风格。

2. 相关基础产业情况

众所周知，乡村旅游的开发不仅涉及农业农村领域，同时还涉及其他领域，如水、电、能源、通信、交通等，虽然这些都是乡村旅游发展的配套设施，但是这些因素直接影响了乡村旅游的开发利用程度，也直接决定了乡村旅游开发的投资效益。

（四）区位背景

所谓的区位背景主要指的是旅游地与其他旅游地的位置和空间的关系。一般情况下，区位背景对乡村旅游的开发有十分重要的影响，它直接决定了乡村旅游开发的方向以及未来的发展方向。通常情况下，中型、大型城市周围的乡村旅游区的旅游资源品质并不是很高，但是也基本上可以满足人们日常休闲的需求。自然风景名胜区类型的乡村旅游资源的品位较高，对游客有较大的吸引力。我们可以对乡村旅游地所依托的城市或者景区的空间距离以及客源市场情况进行分析，如果距离对休闲度假有较大需求的大城市或自然风景名胜区较近，那么其区位优势就大，反之区位优势就小。具体来说，包括以下内容：

1. 资源区位

一般来讲，资源的结构直接决定了资源的区位。在某种意义上，一个旅游景区的兴旺发达不仅受资源绝对价值的影响，同时还受资源相对价值的影响，即风景旅游区的空间位置与邻近区域资源的组合结构。同处于一个地区的两个旅游景区，如果一个旅游景区的资源价值较高，但是缺乏知名度，那么它本身的价值就很难发挥出来；如果这个旅游景区的资源与其他景区有雷同的现象，它也将会在市场竞争中处于劣势。

2. 客源区位

一般情况下，位置的远近直接决定了客源区位。城市居民是乡村旅游的主要客源，他们大部分的闲暇时间集中在周末和短暂的节假日，同时受经济因素的影响，他们的旅行往往会考虑距离的远近，只有在他们的可承受范围之内，才会达成旅游购买决策。因此，乡村旅游中游客的购买意愿往往受距离的影响，并随着距离的增大而衰减。

3. 交通区位

通常情况下，线路状况直接决定了一个地区的交通区位。乡村旅游地游客的多少不仅受距离远近的影响，同时也受交通环境的影响。一般来讲，城市居民利用周末时间与亲朋好友出游的目的是休闲娱乐，因此他们更期望旅游地的交通顺畅、便利，这样旅游的愿望更容易达成。

（五）旅游环境

当旅游成为区域支柱产业、旅游行为成为城乡居民生活方式的一部分的时候，旅游时代就全面到来了，即乡村旅游的发展有了广阔的空间。城乡两地自然与人文环境差异越大，即形成旅游吸引力的落差、势能越大，其吸引游客的可能性越大。

二、乡村旅游发展的微观环境

微观环境主要指的是乡村旅游中的具体环境，如自然生态环境接待设施、乡村建筑风格、旅游标识、服务态度等。一般情况下，乡村旅游的开发务必要建立在良好的乡村自然生态环境基础上，而对乡村旅游开发有直接影响的自然生态环境主要包含四个方面：地貌、气候、水文、土壤。

第一，地貌。地貌作为乡村景观的骨架，不仅塑造了乡村旅游地的独特地表形态，还直接关系到旅游开发的可行性和项目用地的适宜性，是规划设计的首要考量。

第二，气候。气候因素主要包含气温、降雨等自然气候条件，该因素在某种程度上影响着当地农作物的类型，同时，也在一定程度上影响了乡村旅游景观的观赏季节，直接影响了游客的进入时期。

第三，水文。水文因素的作用体现在两个方面：一是滋养了旅游地的生态系统，影响着生物的多样性和分布，为乡村旅游增添了自然野趣；二是关乎游客的基本生活需求，如生活用水的质量与供应，是保障旅游体验质量的重要环节。

第四，土壤。土壤作为农业生产的基础，其肥沃度、排水性能等直接关乎农作物的产量与品质，同时也影响着乡村旅游设施建设用地的选择与利用。理想的乡村旅游开发地应倾向于选择土壤肥沃、排水良好、地质稳定的缓坡地带，以确保旅游活动的可持续性与生态环境的保护。

第三节　乡村旅游发展的基本原则

发展乡村旅游不仅要遵循旅游业发展自身具有的规律，还要结合农村实际情况，紧密围绕乡村振兴战略导向，使农民得到实实在在的好处。因此，乡村旅游开发必须遵循以下五个原则：

一、积极配合乡村振兴战略实施

乡村振兴战略是当前我国解决“三农”问题、促进城乡融合发展的关键举措。乡村旅游作为乡村振兴战略的重要组成部分，其发展必须紧密围绕乡村振兴战略的总体要求，充分发挥旅游业的综合带动作用。具体而言，乡村旅游开发应注重与当地农业、林业、文化等产业的深度融合，通过“旅游+农业”“旅游+文化”等模式，推动农村产业结构优化升级，提升农村经济多元化发展水平。同时，乡村旅游项目应优先考虑农村剩余劳动力的转移就业，通过提供旅游服务岗位、培训旅游技能人才等方式，增加农民收入，缩小城乡收入差距。此外，乡村旅游还应注重挖掘和保护乡村文化资源，传承和弘扬优秀农耕文化，提升乡村文化软实力，为乡村振兴战略提供文化支撑。

在实施过程中，政府应发挥引导作用，制定科学合理的乡村旅游发展规划，明确发展目标、空间布局和重点项目，确保乡村旅游发展与乡村振兴战略有效衔接。同时，应建立健全政策支持体系，通过财政补贴、税收优惠等激励措施，鼓励社会资本投入乡村旅游开发，形成政府引导、市场主导、社会参与的乡村旅游发展新格局。

二、严格遵照农村实际情况发展

乡村旅游的发展必须立足于农村实际情况，充分考虑农村的自然条件、资源禀赋、社会经济基础等因素，因地制宜地制定发展策略。

首先，乡村旅游开发应尊重和保护农村生态环境，避免过度开发和资源浪费，确保旅游活动与生态环境和谐共存。在旅游项目规划和建设中，应充分考虑当地自然资源的可持续利用，如合理利用水资源、土地资源等，减少对生态环境的破坏。

其次，乡村旅游应紧密结合农村产业特色，发展具有地方特色的旅游产业。例如，在农业资源丰富的地区，可以发展观光农业、采摘体验等旅游项目；在文化底蕴深厚的地区，可以开发民俗体验、文化研学等旅游产品。通过挖掘和展示农村独特魅力，提升乡村旅游的吸引力和竞争力。

最后，乡村旅游开发还应注重与当地社区的互动和融合，充分听取农民的意见和建议，确保旅游项目符合农民的利益和期望。在旅游收益分配上，应建立合理的利益共享机制，保障农民的合法权益，激发农民参与乡村旅游开发的积极性和创造性。

三、积极发挥旅游产业经济作用

乡村旅游作为一种新兴产业，对推动农村经济发展具有显著作用。

首先，乡村旅游能够带动相关产业的发展，如餐饮、住宿、交通、购物等，形成产业链条，提升农村经济的综合效益。发展乡村旅游，可以吸引大量游客前来消费，增加农村居民的经济收入，促进农村经济的繁荣和发展。

其次，乡村旅游有助于优化农村经济结构，提升农村经济的质量和效益。传统农业往往存在附加值低、市场竞争力弱等问题，而乡村旅游的发展可以推动农业向休闲、观光、体验等方向转型，提升农产品的附加值和市场竞争力。同时，乡村旅游还可以促进农村剩余劳动力的转移就业，提高农民的收入水平和生活质量。

最后，乡村旅游还具有促进农村对外开放的作用。发展乡村旅游，可以加强农村地区与外部的联系和交流，引入先进的理念和技术，推动农村经济的现代化和国际化。同时，乡村旅游还可以提升农村的知名度和美誉度，为农村地区的招商引资和经济发展创造有利条件。

为了充分发挥旅游产业的经济作用，政府应加强对乡村旅游的扶持和引导，提供政策、资金、技术等方面的支持。同时，应鼓励农民积极参与乡村旅游开发，提升旅游服务质量和水平，打造具有竞争力的乡村旅游品牌。

四、坚持实现乡村旅游可持续发展

在乡村旅游开发过程中，必须注重保护生态环境、传承文化遗产、促进社会公平等，确保乡村旅游的长期稳定和持续发展。

首先，乡村旅游开发应坚持生态优先的原则，加强对生态环境的保护和治理。在旅游项目规划和建设中，应充分考虑生态环境的承载能力和保护要求，避免对生态环境的破坏和污染。同时，应加强对游客的环保教育和引导，提高游客的环保意识和行为素养，共同维护乡村旅游的良好生态环境。

其次，乡村旅游应注重传承和弘扬乡村文化遗产，保持乡村文化的独特性和多样性。在旅游项目开发和运营中，应充分挖掘和展示乡村文化的内涵和价值，如民俗风情、传统手工艺、地方戏曲等，为游客提供丰富多彩的文化体验。同时，应加强对乡村文化遗产的保护和修复工作，防止文化遗产的流失和破坏。

最后，乡村旅游还应注重促进社会公平与和谐发展。在旅游收益的分配上，应建立合理的利益共享机制，保障农民、投资者、政府等各方利益的均衡和协调。同时，应加强对乡村旅游市场的监督和管理，防止恶性竞争和资源浪费，确保乡村旅游市场的健康有序发展。

五、不断增强乡村旅游服务意识

乡村旅游作为一种服务性行业，其发展水平和服务质量直接关系到游客的满意度和忠诚度。因此，不断增强乡村旅游服务意识，提升旅游服务质量，是乡村旅游发展的重要原则之一。

首先，乡村旅游从业者应树立正确的服务理念。以游客为中心，注重游客的需求和体验。在旅游服务过程中，应始终保持热情、耐心、细致的服务态度，为游客提供周到、贴心的服务。同时，应加强与游客的沟通和交流，及时了解游客的反馈和意见，不断改进和提升服务质量。

其次，乡村旅游从业者应提升专业素养和技能水平。乡村旅游涉及餐饮、住宿、导游等多个领域，要求从业者具备相应的专业知识和技能。因此，应加强对乡村旅游从业者的培训和教育，提高其专业素养和技能水平，确保为游客提供高质量的服务。同时，应鼓励从业者不断学习和创新，推动乡村旅游服务的不断升级和优化。

最后，乡村旅游还应注重打造服务品牌和形象。品牌是乡村旅游的重要竞争力之一，具有品牌效应的乡村旅游往往能够吸引更多的游客和关注。因此，应加强对乡村旅游品牌的培育和推广工作，打造具有地方特色和竞争力的乡村旅游品牌。同时，应注重提升乡村旅游的整体形象和知名度，通过宣传、推广等方式，提高乡村旅游的知名度和美誉度。

第四节　乡村旅游发展的动力机制

动力机制是指一个社会、区域、业态赖以运动、发展、变化的不同层级关系和其产生的推动力量，以及它们产生、传导并发生作用的过程、机理与方式。乡村旅游城镇化显然是多方作用力共同推动发展的结果，既包括资源引动力、就业拉动力等内生动力，也包括政府驱动力、市场推动力等外生动力。

一、乡村旅游发展的内生动力

（一）资源引动力

乡村旅游的城镇化进程，其核心逻辑在于以乡村旅游业的蓬勃发展作为先决条件。此过程深刻依赖于旅游资源的开发与利用，这些资源构成了旅游业发展的基石，并对城市居民产生了不可抗拒的吸引力，成为推动乡村旅游发展的核心驱动力。

乡村旅游资源的构成多维且丰富，主要涵盖自然环境、物质载体以及文化元素三大核心要素。自然环境，作为乡村景观的基底，不仅为游客提供了远离城市喧嚣、亲近自然的独特体验，也是乡村旅游资源中不可或缺的背景与氛围营造者。物质载体，则是指那些能够被游客直接观察到并与之互动的具体事项，如传统建筑、农耕工具等，它们承载着乡村的历史记忆与地域特色。而文化元素，作为无形的非物质成分，渗透于乡村旅游的方方面面，包括民俗风情、节庆活动、手工艺技能等，为乡村旅游增添了深厚的文化底蕴与独特魅力。

乡村旅游资源的价值评估对于预测旅游发展前景及判断城镇化进程的成功

与否具有决定性意义。只有充分挖掘与保护这些资源，实现其可持续利用，方能确保乡村旅游城镇化的健康、稳定发展。

（二）就业拉动力

城镇化进程中的核心议题聚焦于农民问题，其本质在于如何妥善处理农民在城乡转型中的角色与利益。成功的农村城镇化不仅依赖于宏观政策的引导，更在于能有效发动与组织农民群体，使之成为推动变革的主体力量。特别是在乡村旅游驱动的城镇化模式下，农民的“主体性”作用至关重要，通过乡村旅游激活投资与消费需求，为当地创造丰富的就业机会。此外，赋予农民自主选择的权利，保障其自由进出市场，有助于释放农民的适应性与创造力。此过程中，农村妇女实现了从传统角色向独立经济个体的转变。而外出务工人员的返乡创业潮，则在惠农惠旅政策的激励下，形成了“叠加动能”，进一步激发了乡村经济的内在活力，加速了城镇化的步伐。

二、乡村旅游发展的外生动力

乡村旅游作为农村经济的重要组成部分，其发展不仅受到内部因素的推动，还受到外部环境的深刻影响。其中，政府驱动力和市场推动力是乡村旅游发展的两大外生动力。

（一）政府驱动力

政府通过制定相关政策、提供资金支持和基础设施建设，为乡村旅游的发展创造了良好的外部环境。

首先，政策引导是乡村旅游发展的关键。政府通过出台一系列扶持政策，如税收优惠、土地优惠等，鼓励社会资本投入乡村旅游开发。这些政策不仅降低了投资者的成本，还提高了其投资乡村旅游的积极性。同时，政府还通过规划引导，确保乡村旅游发展的有序性和可持续性，避免盲目开发和资源浪费。

其次，资金支持是乡村旅游发展的重要保障。政府通过财政拨款、专项基金等方式，为乡村旅游项目提供资金支持。这些资金不仅用于基础设施建设，还用于旅游产品的开发和推广，可以提升乡村旅游的吸引力和竞争力。此外，政府还可以通过引导社会资本投入，形成多元化的投资机制，为乡村旅游的持续发展提供资金保障。

最后，基础设施建设是乡村旅游发展的基础。政府通过加大投入，完善乡村旅游区的交通、通信、卫生等基础设施，提升了乡村旅游的可进入性和便利性。这些基础设施的改善，不仅提高了游客的满意度，还促进了乡村旅游的快速发展。

（二）市场推动力

市场在资源配置中扮演着至关重要的角色，其竞争机制不仅激发了经济活力，还显著提升了资源配置效率。改革开放以来，我国农村经济与城镇化进程得以迅速推进，这一成就很大程度上归功于市场化改革的深入实施。市场机制通过促进生产要素的自由流动，直接推动了城镇化的发展。特别值得关注的是，我国乡村旅游市场展现出庞大的规模与高速增长的态势，这一趋势有效引导了生产要素与消费要素向乡村地区流动。在此背景下，当地政府、投资企业、社区居民、农民组织以及外来游客等多方力量共同参与，协同推动了乡村旅游的城镇化进程，展现了多元化主体在促进城乡融合发展中的积极作用。

第三章　乡村旅游发展的模式、路径与保障

第一节　乡村旅游发展的常见模式

关于乡村旅游的开发、经营和管理，国内外有很多成功的范例。由于地域的差别和具体情况的多种多样，发展模式也各不相同。研究分析各类乡村旅游发展模式，是乡村旅游规划的前提。乡村旅游开发没有固定唯一的模式，开发模式是多样的，应因地制宜。不管何种开发模式，都应既能充分合理利用资源，又能处理和解决好与村民的利益冲突，切实保障广大村民和投资方的权益，提高村民对旅游开发的积极性和长久支持力度。

一、乡村旅游发展的主体开发模式

（一）政府投资开发的公有模式

政府投资开发的公有模式适用于小规模、低密度区域，并需紧密嵌入乡村整体发展规划之中。此模式的核心在于依赖政府大额资金的持续注入，故其适用性前提为政府财政状况相对宽裕。该模式的优势在于政府主导下的项目推进能够赢得乡民的广泛信任，确保经济收益不外流，且在资源调配与关系协调上展现出较高效率。然而，其缺陷亦不容忽视，包括政府需承担高额的资金与时间成本，以及潜在的风险累积。因此，实施过程中需细致处理政府与村民间的

复杂关系，有效协调矛盾，确保村民切实受益，避免该模式成为乡村发展的阻碍因素。

（二）政府协调、投资商独资的模式

政府协调、投资商独资是一种开发商出资金、村民出资源的合作开发方式。政府在此模式中扮演核心引导角色，其主导地位有助于构建并巩固村民与投资商之间的沟通桥梁，有效调和双方关系，化解潜在矛盾，并为双方提供坚实的政策支持与保障。此外，还需设立村旅游开发管理委员会，该委员会成员经由村民民主选举产生，均为具备专业知识与才能、能充分代表村民利益的人士，全面负责本村旅游开发的协调与管理工作。开发方案的形成，是村旅游开发管理委员会、投资商与政府三方深入磋商、共同决策的结果。合作协议高度重视村民的参与度，明确保障村民的多项参与权利，包括但不限于培训受教育权、优先就业权等。为确保协议条款得到有效落实，地方政府应严格监督执行过程，从而切实维护双方的合法权益。

（三）村委会与投资商合作开发的模式

乡村旅游发展中，村委会与投资商合作开发模式下，双方基于资源互补原则，共同推进乡村旅游项目。村委会提供土地、民俗等资源，投资商则注入资金、提供管理经验。合作中，双方需明确权责，确保利益共享与风险共担。政府应发挥引导作用，提供政策支持和监管，保障合作顺利进行。同时，要注意避免一味追求经济效益而忽视乡村特色和文化保护。在不同经济地区，合作模式需灵活调整，既要发挥各自优势，又要防范潜在风险。总之，村委会与投资商合作开发模式为乡村旅游发展提供了新的思路，但需在实践中不断探索和完善。

二、乡村旅游发展的依托开发模式

不是所有的乡村地区都可以开发乡村旅游，发展乡村旅游需要有一定的条件。开发乡村旅游需要依托一定的地域环境和特殊资源。根据乡村地区的自然环境背景、区位状况等的不同，乡村旅游依托模式可以划分为城市依托型、交通依托型、知名景区依托型、资源依托型、复合依托型五种基本类型。

（一）城市依托型

城市居民休闲及生态体验需求强烈，在繁忙的日常生活之余，往往需要寻找一个环境差异较大、能暂时逃避常住环境、时间精力成本较低的地方缓解身心疲劳或休闲度假。于是，与城市景观差异较大，邻近城市且交通较为便捷的乡村迎来了旅游发展的机会。以农家乐为代表的早期乡村旅游就是迎合城市居民这一需求发展起来的，其发展方式往往是由点及面，最终形成环绕城市的城市休闲旅游带或城市旅游休闲圈。这种类型的乡村直接面对较好的客源市场，旅游成本低；即使生态环境不理想，亦可人工营造。

（二）交通依托型

距离客源市场相对较远，但临近高速公路、铁路，交通十分便捷的乡村成为乡村旅游发展的重点区域。国内私家车的迅速普及，为这类乡村带来了旅游发展的巨大商机。这种类型的乡村相比环城市旅游带，周边生态环境相对要好，如果注重生态因素以原生态、原文化、强刺激等为内容发展乡村旅游，对城市居民特别是消费能力更强的游客有较大的吸引力。依托交通发展乡村旅游的区域，其业态及产品要与城市依托型有明显的差异。

（三）知名景区依托型

乡村旅游景点的知名度小，进行长途旅行的游客不会专程游览，但若具有与著名风景名胜区毗邻的区位优势，则能够吸引游客进行附带性的游览，这从游客的旅游支出上看是经济合算的，即在既定的交通费的基础上获得更多的旅游享受。

在知名景区周边的乡村，虽然其资源不能与景区相比，但可以通过挖掘乡村文化内涵，特别是乡村民俗等发展旅游。以到达景区的游客作为主要市场客源，开发与景区有差异的旅游活动，同时在服务要素上下功夫，开发景区难以提供的乡村旅游业态，如特色餐饮、特色民宿等。

（四）特色资源依托型

这类乡村本身具备较强的旅游吸引力，客源市场依据其知名度、资源品位、旅游产品特色等而异，可以是地区、国内甚至是国际。

第一，名镇名村。如历史悠久且村落保护较好的传统村落、革命纪念地、古村镇、名人故乡、历史事件发生地等。典型的如安徽的西递村和宏村、云南腾冲的和顺古镇等。

第二，有典型农业景观的乡村。以特有的典型农业景观为依托，如梯田、古茶园、油菜花田、桃园、梨园等。农业景观本身就具备吸引力，价值及规模不同，游客的吸引半径有所差异，如云南红河元阳的世界遗产哈尼梯田，其影响力和知名度是国际性的，具备吸引远程旅游者的实力。

第三，民俗文化特色鲜明的乡村。特有的、典型的民俗风情具备较强的旅游吸引力。

第四，生态景观独特的乡村。自身环境极佳，还能依托周边独特的自然景观环境的乡村，如湖泊周边的乡村、森林植被好的乡村等。

（五）复合依托型

在我国，很多乡村资源丰富，其发展旅游可以依托的要素往往不是单一的。拥有两种或两种以上旅游资源的乡村旅游地，且各要素的影响力相对均衡的，称为复合依托发展型。如既有传统村落，同时又有特色鲜明的民俗文化，而且随着乡村交通的发展，高速公路还从村旁通过。

三、乡村旅游发展的产业组织模式

（一）企业带动型

这种模式的特点是以企业为龙头，以乡村资源为基础，围绕乡村旅游产品，一体化经营，一条龙服务，在发展中带动农户参与发展。这样的企业要有较强的资金、人才、技术实力和较高的生产水平、经营能力、管理水平，且有一定知名度，在乡村旅游发展中把这样的企业称为乡村旅游龙头企业。这些企业不仅是连接国内外市场和乡村的中介，还在推动乡村旅游经济产业化发展中发挥着重要的作用。

这种产业组织模式具体表现为以下几种：

1.企业＋农户

适当引入市场运作的机制，将农户统一纳入企业进行经营管理，农户作为企业的员工，经过专业、系统的培训后，可以在进行正常农业劳作的同时，利用农闲时间承担旅游接待业务。企业负责农户的日常经营管理、对农户进行技术培训、对外统一接待游客等。农户既作为企业的员工，又可作为企业的股东；既享有日常工资，又享有分红。

2.企业＋社区＋农户

企业先与当地社区（如村委会）合作，通过村委会组织农户参与乡村旅游开发。企业一般不与农户直接合作，但农户提供接待服务、参与旅游开发需要经过公司的专业培训。企业制定相关的规定，以规范农户的行为，保证接待服务水平，保障企业、农户和游客的利益。同时，村级经济实力也得到较大提高，足以改善村里的交通及其他基础公共设施条件。

3. 企业 + 带头户

农户分散以及部分农民参与能力不够时，有的乡村旅游形式就采用“企业 + 带头户”的模式。企业与愿意参与、有一定实力，并已有一定乡村旅游经营基础的农户合作发展。

4. 政府 + 公司 + 协会 + 相关旅游中介机构

政府负责整体规划与基础设施的建设，旨在优化旅游环境，为乡村旅游的可持续发展奠定坚实基础。乡村则通过组建专门的旅游公司，承担经营管理与商业运作的职责，以提升旅游服务质量。同时，成立乡村旅游协会，有效组织村民参与旅游活动，维护传统民居，并协调各方利益，确保公平分配。公司积极与旅游中介机构合作，共同开拓市场，组织客源，实现资源共享。此模式充分发挥了各环节的优势，通过合理的分享利益机制，避免了过度商业化，保护了本土文化，增强了居民的自豪感，提供了丰富的就业机会，有效保存了民族文化的真实性。

（二）主导产业 + 旅游型

此模式强调因地制宜，紧密依托当地传统产业及拳头产品作为发展的基石。其核心策略在于充分发挥主导产业的优势，通过优化产业结构与产品布局，逐步构建起具有鲜明地域特色的产品基地。实施层面，该模式注重构建产业集群，通过拉长并加粗产业链，有效促进区域内生产要素的流动与整合，最终形成乡村经济区。其发展要求聚焦于高标准、高科技及高效益，强调综合规划与连片开发，推动专业化、规模化生产。此外，该模式还注重辐射带动作用，充分利用特色示范区及示范带的丰富资源，积极拓展乡村旅游，为乡村经济的多元化发展注入新的活力。

（三）示范农户 + 农户型

在乡村旅游开发的实践中，“开拓户”作为先驱者成功探索并实施了旅游开发策略，有效促进了周边农户的积极参与，进而演化出一种创新的“示范农户＋农户”乡村旅游发展模式。此模式以低投入、小规模接待为特点，虽接待量受限，却因其对真实乡村文化与生活方式的完好保留而深受游客青睐。部分条件优越的农户通过提供独具特色的农产品及生动有趣的民俗表演，逐渐转型为专业农户并融入旅游服务组织体系。此外，该模式还成功吸纳了农村富余劳动力，通过联动发展机制，确保了所有参与农户均能从中获益，共同迈向富裕之路，实现了乡村旅游与农村经济的可持续发展。

（四）农庄经济聚合型

农庄经济聚合型模式，根植于规模农业个体户的成长，以“旅游个体户”的形态涌现，其核心在于对个体所拥有的农业、畜牧业及果园进行改造升级，并辅以旅游项目的开发，旨在构建一个功能完备的旅游景区（点），同时实现对旅游接待与服务的全方位覆盖。

此模式的显著特征，在于以乡村中的经济能人或外来客商作为驱动力，以本土土地资源为基石，旨在构建一个集种植、养殖、加工、销售及旅游于一体的综合性庄园经济体。该模式通过庄园实施立体种养模式的示范作用，产生辐射效应，带动周边数户至数十户农户参与，逐步扩大种养规模，并引入市场需求旺盛的新种养项目，从而形成一个结构相对松散但利益相连的共同体。此外，农庄的发展还促进了周边闲散劳动力的吸纳，使他们通过参与手工艺制作、文化表演、旅游服务及农业生产等多种形式，融入服务业的发展中，最终形成一种以点带面、互利共赢的发展模式。

（五）生态经济型

生态经济型乡村旅游发展模式，旨在构建一种基于无污染清洁农业的可持续发展框架，其核心在于遵循生态学原理与生态规律，对农业系统进行全面规划与总体协调，以期建立一个高功能、高效益的人工生态系统。此模式不仅促进了农业的良性生产，还为乡村旅游的繁荣发展奠定了坚实基础。

1. 生态养殖模式

生态养殖模式强调在保护生态环境的前提下，利用自然资源进行畜禽养殖。该模式通过科学规划养殖区域，合理控制养殖密度，采用生态饲料与循环水养殖等先进技术，有效减少养殖过程中对环境的污染。同时，生态养殖与乡村旅游相结合，游客可近距离观察体验生态养殖过程，感受乡村生活的乐趣，从而增强乡村旅游的吸引力。

2. 环境经济模式

环境经济模式注重在保护乡村自然环境的基础上，发展绿色经济。此模式通过种植无公害农产品、建设生态果园与观光农场等方式，将农业生产与乡村旅游紧密结合。游客在欣赏乡村美景的同时，可参与农产品采摘、制作等体验活动，既满足了游客的休闲娱乐需求，又促进了农产品的销售，实现了经济效益与生态效益的双赢。

3. 生态经济滚动模式

生态经济滚动模式以生态农业为基础，通过不断引入新技术、新品种，提高农业生产效益与乡村旅游品质。同时，该模式注重产业链条的延伸与拓展，将农产品加工、乡村手工艺品制作等产业融入乡村旅游体系，形成生态经济滚动发展的良性循环。此模式不仅促进了乡村经济的持续增长，还有效提升了乡村旅游的竞争力与可持续发展能力。

（六）对内联合型

为了实现对乡村旅游资源的合理开发与乡村生态环境的有效保护，依据资源产权的不同归属，可将乡村旅游资源明确划分为国家产权、乡村集体产权、村民小组产权及农户个人产权四大产权主体。在推进乡村旅游开发进程中，应采取国家、集体与农户个体协同合作的模式，将旅游资源、专有技术和劳动力转化为股份资本，收益分配则遵循按股分红与按劳分红并重的原则，实施股份合作制经营模式。此模式下，社区居民可通过提供土地、技术和劳动力等多种方式，积极参与本社区的都市生态农业旅游开发。企业利用积累的资金，不仅可支持扩大再生产，还能助力乡村生态环境的保护与恢复，以及旅游设施的建设与维护工作。同时设立公益金，投资于乡村公益事业，并维系社区居民参与机制的正常运行。此外，还需通过股金分红确保股东获得应有回报。如此，国家、集体和个人均能在乡村旅游开发中依据各自持股比例获取相应收益，从而实现社区参与的深度转型。股份制的乡村旅游开发策略，将社区居民的责任、权利与利益紧密结合，激励居民主动参与到他们赖以生存的生态资源保护之中，进而确保社区生态农业旅游的持续健康发展。

四、乡村旅游功能主导模式

在乡村旅游的多元化发展进程中，功能主导模式成为推动乡村旅游持续繁荣与创新的关键力量。乡村旅游功能主导模式主要包括七种，这些模式不仅丰富了旅游产品的内涵，也深刻影响了乡村经济、社会文化的全面发展。以下是对各类乡村旅游功能主导模式的阐述。

（一）观光游览型模式

观光游览型模式作为乡村旅游的初级阶段模式，其核心在于依托乡村自然景观、历史遗迹和人文风情，吸引游客前来观赏。此模式强调对乡村资源的直接展示，通过规划合理的游览路线，串联起乡村的田园风光、古建筑群、民俗节庆等元素，满足游客对乡村美景的向往与探索需求。随着旅游市场的成熟，该模式逐渐向精品化、差异化发展，注重提升游览体验的深度与质量，如引入AR/VR技术重现历史场景，或开发主题观光线路，以增强游客的沉浸感与参与感。

（二）休闲度假型模式

休闲度假型模式则侧重于为游客提供远离都市喧嚣、回归自然的放松环境。该模式不仅包含基础的住宿服务，还融合了丰富的休闲娱乐活动，如温泉浴场、高尔夫练习场、户外徒步探险等，旨在满足游客追求身心放松与高品质生活体验的需求。近年来，随着“微度假”概念的兴起，乡村休闲度假型模式也具有了短途高频、深度体验的特点，通过打造特色民宿、乡村庄园等，为游客提供一站式、个性化的休闲度假方案。

（三）风味品尝型模式

风味品尝型模式以乡村特色美食为核心吸引物，结合采摘、捕捞等农耕体验活动，让游客在品尝地道乡村美食的同时，感受乡村劳作的乐趣，获得一定的成就感。此模式强调食材的原汁原味与烹饪技艺的传承，通过举办美食文化节、农家菜烹饪比赛等活动，提升乡村美食的知名度与影响力。同时，注重餐饮环境的营造，将乡土文化与自然景观有机融合，打造独特的餐饮体验空间。

（四）务农体验型模式

务农体验型模式旨在通过模拟或参与农业生产过程，游客能够亲身体验农耕文化的魅力。该模式不仅开展耕作、播种、采收等农事活动，还结合农业科普教育，让游客了解农作物的生长周期、农业技术的发展历程等，增强其对农业知识的兴趣与认识。该模式通过设立亲子农场、农耕体验园等项目，有效促进了家庭成员间的互动与情感交流，成为乡村旅游的一大亮点。

（五）生态体验型模式

生态体验型模式强调人与自然的和谐共生，通过营造生态体验场，引导游客在亲近自然的过程中，提升生态保护意识。此模式依托乡村良好的生态环境，开发徒步探险、生态摄影、观鸟赏蝶等生态体验项目；同时，结合生态农业、生态旅游的实践，展示乡村生态建设的成果与经验。在运营过程中，注重生态

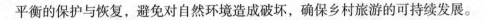

平衡的保护与恢复，避免对自然环境造成破坏，确保乡村旅游的可持续发展。

（六）科普及教育型模式

科普及教育型模式旨在通过乡村旅游活动，普及科学知识，提升公众科学素养。该模式结合乡村资源特点，设计了一系列寓教于乐的科普教育项目，如农业科普馆、天文观测站、生态教育基地等，让游客在轻松愉快的氛围中学习科学原理与生态知识。此外，还通过开展科普讲座、设立工作坊、组织研学旅行等活动，加强与学校、科研机构的合作，形成科普教育的合力，推动乡村旅游与科普教育的深度融合。

（七）创新型模式

随着旅游市场的不断创新与发展，乡村旅游领域涌现出多种新型模式，如乡村生活型、康体休闲型、旅居度假型、养老养生型及创客创业型等。这些模式打破了传统乡村旅游的框架限制，更加注重个性化、差异化的发展路径。乡村生活型模式通过还原乡村生活场景，让游客体验真实的乡村生活方式；康体休闲型模式则侧重于提供健康养生服务，满足游客对身心健康的需求；旅居度假型与养老养生型模式则瞄准了中长期居住市场，打造宜居宜游的乡村生活环境；创客创业型模式则鼓励青年创业团队、艺术家等群体入驻乡村，通过创意与技术的融合，推动乡村旅游产品的创新与发展。这些新型模式不仅丰富了乡村旅游的内涵，也为乡村经济的转型升级注入了新的活力。

第二节　乡村旅游发展的路径选择

一、做优乡村旅游地生态

（一）自然环境优美

乡村面积广大，但并不是所有乡村都适合发展乡村旅游。人们选择乡村旅游，首先考虑的是乡村旅游地的生态环境，即青山绿水、山明水秀、景观优美、环境清洁无污染。也就是说，优美的自然生态环境是乡村旅游发展的必要条件。

优美的自然生态环境，才能满足在乡村养眼、养肺、养胃、养脑、养心的“五养”需求，才能使亲近自然、田园观光、美食品尝、劳作体验等现代乡村旅游活动成为可能。

保持自然生态，做美乡村景观要做到保持自然生态的稳定，突出代表性景观；发展中应重视景观独特性与观赏可行性的协调，开发过程中应体现梯度性与社会性。

（二）与乡村生态文明建设结合

在推进乡村旅游发展的过程中，应积极探索与乡村生态文明建设的有机结合。科学规划，力求在乡村旅游目的地的建设中，实现产业业态的相对聚集，促进资源的优化配置与高效利用。同时，不断改善基础设施条件，提升乡村的公共服务水平，为游客提供更加便捷、舒适的旅游体验。此外，还应注重营造和谐文明的乡村生活氛围，将乡村旅游发展与生态文明村镇建设紧密相连，共同打造出既具有生态美感又充满和谐包容气息的乡村旅游空间，从而推动乡村旅游与生态文明建设的协同发展。

（三）生产、生活彰显绿色低碳

发展乡村旅游，无论是生产和生活，也无论是居民还是游客，抑或是体验还是消费，都要提倡绿色低碳。有效培养居民、乡村旅游创业者、服务提供者、管理者以及消费者健康文明的生产、生活及消费习惯。

尽可能减少不必要的建设，保护农田、保护耕地、保护乡村生态。减少乡村旅游发展中的碳排放，提倡利用绿色能源，节能减排，杜绝浪费，加强垃圾、废水等处理，引入先进科技，提倡资源的循环利用。

高效利用公共服务设施。把乡村旅游发展所需的旅游服务基础设施与公共基础设施、基础文化体育设施结合起来，让各类设施的综合利用效能最大化，实现公共服务设施、旅游服务设施和公共文化设施共享。

（四）“五度”空间打造

乡村旅游发展，要做好生态保护与利用，营造出拥有优美度、安静度、洁净度、休闲度和舒适度的乡村旅游空间。优美度，即让游客置身于如诗如画的自然风光之中；安静度，即远离城市的喧嚣，让游客享受宁静的田园生活；洁净度，即保持乡村环境的整洁与卫生，提升游客的游览体验；休闲度，即提供丰富多彩的休闲活动，让游客在轻松愉悦中度过美好时光；舒适度，即完善基础设施与配套服务，确保游客的住宿与餐饮等需求得到满足。“五度”空间的精心打造，可以为游客呈现出一个既生态环保又舒适宜人的乡村旅游胜地。

二、做美乡村旅游地形态

乡村旅游景观发生在乡村，但其主题仍是“旅游”。随着社会经济发展和人们生活需求升级，旅游业已从最初的“眼球经济”发展成为以“观光”为基础，叠加“参与”“沉浸”“体验”“康体”“养生”等的多维经济，更多的人认为旅游已经到了“体验经济”时代。单纯从经济收益角度看，从“眼球经济”到“体验经济”是发展的必然，但如果从地区旅游发展角度看，吸引眼球的内容是不可或缺的，是发展“旅游体验经济”的基础及首要条件。从本质上说，包括乡村旅游在内的所有旅游活动都是一种寻觅美、发现美、享受美的过程，发展乡村旅游，做美乡村旅游地形态是必需的。

做美形态，从旅游者的视角看，需要乡村旅游地不是景区胜似景区，需要乡村旅游地是一个拥有自然美、形态美并充满生活气息的旅游目的地。

乡村旅游地发展要结合美丽乡村建设，使广大的乡村区域，包括农田、村落等都发挥景观效用。乡村的形态美包括宏观形态美，如自然山水、整体绿化、特色农业等；中观形态美，包括村落形态、乡村肌理、乡村建筑、服务设施等；微观形态美，如一条巷道、村口的一棵老树、民居的一扇窗子、村民的一件服饰等。

发展乡村旅游，做美形态是发展的基础与必然，让游客到乡村寻觅美、发现美、享受美是乡村旅游开发者、运营者和管理者的责任和义务。

三、做强乡村旅游地业态

旅游产业是一个综合性、长链条及融合强的产业。乡村旅游依托乡村发展，而乡村的核心产业是农业，乡村的特色在乡村性，其中又以乡村文化为代表，因此发展乡村旅游，要农、文、旅融合。同时随着人们休闲娱乐、度假养生需求的上升，乡村旅游发展还需进一步把与休闲体育、养生康体相关产业融进来，做好农、文、体、养、旅融合，在融合中创新业态、拓展产业门类，这样才能真正做到适应市场，实现可持续高质量发展。

乡村旅游发展通过推进业态融合多样化、产业发展集聚化、经营主体多元化、基础设施现代化和经营服务规范化来实现做强业态的目标。在做强业态时，要充分有效利用好现有资源，在遵守国家法律、法规的前提下，深入探究乡村旅游游客的消费行为及发展趋势，全方位创新业态，让游客乐于消费、开心消费。

四、做活乡村旅游地文态

（一）挖掘乡村旅游地文化

乡村旅游地文化的深度挖掘与合理有效利用，是推动乡村旅游可持续发展的核心动力与关键内容。在这一进程中，非物质文化遗产（以下简称“非遗”）的保护与利用显得尤为重要，它不仅承载着乡村的历史记忆与文化精髓，还为乡村旅游的业态创新、产品创新以及活动策划提供了丰富的灵感源泉。乡村“非遗”广泛涉及民间文学、传统音乐、传统舞蹈、传统戏剧、传统曲艺、传统体育、游艺与杂技、传统美术、传统技艺、传统医药以及民俗等多个领域，这些非遗项目如同一幅幅生动的历史画卷，展现了乡村社会生活的丰富多彩、生产方式的独特性以及文化传统的深厚底蕴。

1. 乡村旅游项目产业化

将非遗元素融入乡村旅游项目，如将传统手工艺制作过程展示为体验式旅游项目，或将民间故事、传说改编为实景演出，不仅能够增强旅游项目的文化内涵，还能促进非遗的传承与发展。产业化运作机制下，非遗项目可以形成产业链条，带动相关产业如手工艺品销售、文化旅游纪念品开发等发展，从而增加乡村旅游的经济收益，实现文化效益与经济效益的双赢。

2. 乡村旅游地差异化

在同质化竞争日益激烈的乡村旅游市场中，非遗的独特性成为打造旅游地差异化特色的关键。很多乡村都有独特的非遗资源，如特色民俗活动、传统节庆仪式等，这些元素是区分不同乡村旅游地的重要标志。深入挖掘并展示这些非遗特色，可以构建独特的乡村旅游品牌形象，吸引对特定文化感兴趣的游客群体，形成竞争优势。

3. 乡村旅游休闲深度化

非遗的融入有助于提升乡村旅游的休闲体验深度。相较于传统的观光旅游，参与非遗体验活动能让游客更深入地了解乡村文化，体验当地的生活方式。例如，参与传统农耕活动、学习制作传统美食或手工艺品。这些活动不仅丰富了游客的旅行体验，也促进了游客与乡村社区之间的情感交流，增强了旅游的文化教育意义。

4. 乡村旅游产品体验化

非遗资源的体验化开发是乡村旅游产品创新的重要方向。将非遗项目转化为可体验的旅游产品，如设置非遗工作坊、文化体验课程等，使游客在亲身体验中感受非遗的魅力，增强旅游产品的吸引力和互动性。这种体验化的产品设计，不仅满足了现代旅游者对深度文化体验的需求，也促进了非遗文化的活态传承。

5. 乡村旅游业态丰富化

非遗的多元性为乡村旅游业态的丰富提供了广阔空间。不同类型的非遗项目可以开发出多样化的旅游业态，如文化演艺、民俗体验、手工艺展示、非遗村落游等。这些新业态的引入不仅丰富了乡村旅游的产品体系，也为游客提供了更多元化的选择，增强了乡村旅游的吸引力和竞争力。

6. 乡村旅游客源多元化

非遗的独特文化魅力是吸引不同背景、不同兴趣爱好的游客的重要因素。通过挖掘和展示非遗，乡村旅游可以吸引国内外对传统文化感兴趣的游客，包括学者、艺术家、文化爱好者以及寻求独特旅游体验的普通游客。这种客源结

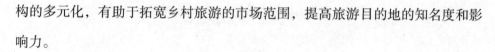

构的多元化，有助于拓宽乡村旅游的市场范围，提高旅游目的地的知名度和影响力。

（二）做到“三结合”

一是保护与利用结合。乡村传统文化需要在保护的前提下合理利用，保护包括形态保护、内容保护及传承者保护。

二是传统与时尚结合。乡村旅游地做活文态还应注意旅游消费的特点，即旅游是一种时尚型消费。要注意把传统与时尚相结合，通过现代技术手段，充分展示乡村旅游地传统文化的内涵，用现代游客耳熟能详的“语言”及“符号”讲述传统的故事。

三是公益与效益结合。文化发展带有较强的公益性，要为广大人民群众服务。通过旅游开发叠加创意，成为卖点、产品甚至商品后，文化便具有经济属性。因此，在开发利用中应做到公益与效益的结合，既服务居民又服务游客，既传承文化又通过市场行为获得收益。

五、协同发展，主客满意

发展乡村旅游要让游客和居民都满意。乡村旅游发展涉及面广，涉及部门多，典型的如农业农村、住建、文旅、林草、发改、工信及自然资源等部门，各部门要通力合作支持乡村旅游的发展。

传统旅游景区发展主要重视的是游客满意程度，在景区评级时游客满意度占了很大比例。乡村旅游发展有别于传统旅游景区发展，乡村地区发展旅游的目的不仅是吸引游客来消费，让游客满意，同时还要让旅游业发挥先导产业的作用，通过融合产生新业态，带动整个乡村产业发展。吸引当地居民参与到乡村旅游中，提高收入，做到让游客满意、村民致富、企业得益、政府放心，进而实现乡村振兴。

第三节　乡村旅游发展的有效保障

乡村旅游业是一项具有高度综合性和关联性的产业，有着与新农村建设的天然耦合关系。根据乡村旅游管理理论，因地制宜，实事求是，依靠特有的旅游资源发展乡村旅游业是乡村经济发展的有效模式之一。乡村旅游管理能促进旅游业快速发展，并提升旅游经济发展的综合水平。要使乡村旅游产业在新经济推动下更好地促进乡村经济发展，增加农民收入，就需要满足乡村旅游管理的各项需求。

一、乡村旅游招商引资管理

近年来，社会经济水平的不断提高，使旅游经济的活力各方投资旅游业的热情不断高涨。根据不同的招商引资渠道，即旅游资金的来源不同，乡村旅游的招商引资模式通常可分为以下四种：农户自主投资、政府主导投资、外来投资和合作经营。

（一）农户自主投资

农户自主投资是指农民个体或集体直接或间接地参与乡村旅游的生产和经营活动，并由此取得相应的收益。《国务院关于投资体制改革的决定》（以下简称《决定》）明确规定了各主体的自主投资地位，根据“谁投资、谁决策、谁收益、谁承担风险”的原则，自主投资政策的实施，极大地带动了乡村旅游自主投资的发展。以农民个人或家庭为单位，开办农家旅馆、餐馆，出售农副产品、手工艺品和旅游小商品，具有投资少、经营灵活，农业生产与旅游服务可以兼顾的特点。农户自主投资是开发旅游的行之有效的方式。随着资本的积累和经营的改善，有些个体旅游经营户不断发展壮大，成为优秀的旅游企业经营者。

（二）政府主导投资

乡村旅游的发展资金来源渠道虽然具有多样化的特征，但在资金总量中，当前国家投资扶持仍然是最主要的来源渠道。我国乡村旅游起步较晚，尚处在初期阶段，存在许多矛盾和问题，如旅游设施的完善、经营管理的规范、市场秩序的维护、行业标准的确立等，这些工作必须由政府来推动，离开了政府的主导，乡村旅游发展必然是矛盾重重，举步维艰。

政府投资旅游主要是为了满足整个社会旅游发展的需要。我国的乡村旅游还处于初级阶段，还有很多的旅游基础设施需要完善，而这些设施的建设需要数额巨大的资金，在这种形势下，政府的旅游投资起着非常重要的作用。但是随着我国改革开放政策的不断深化，政府在乡村旅游投资中主要发挥引导和指导作用，国内的公司企业和外资将逐步扮演主要角色。

（三）外来投资

有实力的旅游企业与具有一定旅游资源的乡村合作，共同开发旅游景点。这种方式把城市旅游企业的资金和经营管理人才与乡村中的景观资源、人力资源和物产资源结合起来，适合开发中型或大型旅游景区和度假村，是城乡接合、旅游支农的一种新形式。

旅游企业与本地农牧民合作成功与否的关键是利益分割问题。旅游企业是直接从事旅游产品生产和供应的基本单位，因而旅游投资的目的是根据旅游市场供求状况和旅游消费特点，选择旅游投资项目并投入一定的资金，以获取应有的经济效益。一般来说，外来企业往往把最大限度的长期赢利放在首位，而当地农牧民又往往看重自身的眼前利益。处理好外来企业与当地农牧民的双方利益，包括双方的长远利益与眼前利益的关系，是调动双方积极性，实现“双赢”、长期合作的关键。由于旅游经营与分配的决策权在外来企业，因此在这方面，外来企业处于主导地位。

（四）合作经营

合作经营是指由多个投资主体共同对某一旅游项目进行投资的形式，可以是多个企业联合投资，也可以是企业和个人合作投资。以乡、村为单位，或若干家庭和个人自愿集资、出劳力，组成产权明确、责任与利益相关联的自主经营的企业。乡村的历史文化资源可以成为集体的资产，这种体制的经营模式资金较丰厚、人力资源较丰富。股份合作制是一种具有集体所有制性质的企业形式，实现了资金、人力和物力的结合，是引导农民共同致富的有效形式。

二、乡村旅游的人力资源管理

旅游是一项服务性行业，强调的是人与人之间面对面的服务。因此，发展旅游最关键的是人才，一切问题的核心是人的问题，一切竞争的核心是人才的竞争。

（一）加强政府引导

乡村旅游人才的培养需要政府的引导和支持。政府要高度重视，制定相关的人才政策，并将其纳入各级旅游总体开发的规划中，在政策、经济和技术上给予长期的支持。政府出面，通过各种渠道组织培训是一种有效的乡村旅游人才培养方式，这有利于提高农民对培训作用的认识，从而调动农民参与培训的积极性。

（二）加强乡村旅游人才的教育培训

对乡村旅游人才的教育培训，主要包括以下三方面内容：

第一，旅游人才的培养是各个方面共同努力的结果，其中包括政府、企业、社会和旅游发展部门。各个部门都要根据实际情况制定出具体的人才培养计划和规划，实现各个部门之间的对口衔接，共同进行人才培养。乡村当地要重点依赖其所隶属的县市的高校和旅游培训中心，通过正规的专业教育培养专业的旅游管理人才。对旅游培训机构的专业课程也要进行适当的改革，尽量使课程符合乡村旅游发展的需要，多开设市场营销和乡土文化相关的课程。

第二，旅游培训要具有乡村旅游的特色。对乡村旅游的人力资源培养，要坚持“以人为本”的原则，这个“以人为本”中的“人”指的是顾客。乡村旅游之所以吸引人就在于其具有浓厚的乡土气息及原生态的文化和环境，因此，对乡村旅游人力资源的培养不能按照传统的名胜古迹旅游的培养方式，而是要加入传统的文化培养和工艺培养。对于许多少数民族聚居的乡村来说，要发展旅游业还需要具有许多懂得民族文化和传统技艺的艺人，因此要根据各个村庄的不同特色进行具体的培训活动。

第三，开展全民的旅游教育。乡村中非从事旅游行业的村民具有两种角色。首先，他们是乡村旅游的客观主体，时时刻刻都会影响到旅客的旅游情绪和旅游体验。其次，他们是潜在的旅游行业从业人员，因为他们经常会和旅客打交道，具有许多潜在的商机。因此，对全体村民进行旅游文化教育是至关重要的。这样就需要当地的政府和企业联手加强对全体村民开展旅游思想教育培训。这个培训应包括三个方面：首先是讲解和分析旅游业会提高全体村民的生活质量。其次是讲解旅游心理学，使村民掌握与旅客打交道的方法，提高文化水平。最后是讲解专业技术，使村民通过技术的提升和思维的转变，由原来的普通乡村居民转变成乡村旅游业的从业人员。

（三）加强旅游人才的引进

对于乡村旅游专业人才的引进，应该发挥政府、企业和市场三者的力量，共同努力。

第一，政府与企业联手引进人才。我国乡村旅游业人力资源短缺，除了要对乡村居民进行培训之外，还要加强从其他城市和地区引进专业对口的旅游人才。这些人才的引进离不开政府的干预和企业的努力。政府应该将旅游人力资源引进纳入绩效考核，对各级行政机构设置每年引进旅游人才的数量和指标，对完成指标的单位给予奖励，否则给予惩罚或处分，使各级政府具有一种压力感，促使各级领导干部重点搞好旅游人力资源引进工作。对于人才的引进，除了政府和行政部门要出力之外，各个企业也要积极宣传本地区的乡村旅游，争取吸引更多的有识之士加入乡村旅游行列。同时，企业要给予人才更高的报酬，政府要给予其更多的优惠条件，这样才能使人才感到安心和放心。

第二，引入人才市场机制。人才的引进除了政府和企业要发挥作用之外，还要利用市场的力量。人力资源市场与传统的市场概念不同，它包括制度和技术两个层面的内容。从制度层面看，政府和企业要共同制定旅游人才的选拔、培训、吸引、表彰和管理等环节的政策措施，在更大范围内、更深程度上、更宽领域里合力推进旅游人才资源开发工作，使旅游人才资源开发工作有章可循、有规可依。制度建设要围绕强化服务功能和拓展开发领域两个方面来展开，力争实现扩大旅游人才数量、提高旅游人才素质和发挥旅游人才作用等三个目标。在技术层面上，要加快旅游人力资源供求信息网络枢纽和高级旅游人才数据库建设，形成机制健全、信息灵敏、运行规范、服务周到、指导监督有力的旅游人力资源市场体系。

三、乡村旅游的财务管理

以货币计量的各种财产、债权和其他权利，是乡村旅游赖以生存发展的经济资源。乡村旅游要善于利用货币加强经营活动的综合管理。

乡村旅游经营组织的固定资产，是指使用年限在一年以上的房屋、建筑物、运输工具和其他与生产经营有关的设备、器具、工具等。不属于生产经营主要设备的物品，单位价值在两千元以上，使用期限超过两年的，也应当作为固定资产。乡村农家乐饭店的固定资产一般在总资产中占有很高的比例。固定资产通常投资数额大，投资回收期长，大多是一次性集中投入，设施设备使用时间短、更新速度快，因此管好、用好固定资产，提高固定资产的利用率十分重要。

无形资产是指长期使用而没有实物形态的资产，包括专利权、商标权、著作权、土地使用权、非专利技术、商誉等，一般具有较大的经济价值，但又有很大的不确定性。无形资产的管理分为无形资产的投资、使用管理，无形资产增加管理，无形资产摊销管理，无形资产转让管理等。乡村旅游经营组织要重视无形资产的投资，对无形资产实行归口分级管理，提高无形资产利用效率。

财务报表是用统一的货币计量单位，根据日常会计核算资料，反映一定时期财务状况和经营成果的书面文件。财务报表是会计核算后得出的结果，也是财务管理的重要依据。财务报表管理就是对乡村旅游经营进行财务分析，根据财务报表传达的信息来评价企业财务状况，预测发展趋势，为下一期决策的制定提供依据。

第四章　乡村旅游规划设计促进乡村发展

第一节　乡村旅游规划的基本分析

一、乡村旅游规划的基础知识

（一）乡村旅游规划的概念理解

乡村旅游规划通常是指根据某一乡村区域的旅游发展规律和具体市场特点而制定目标，以及为实现这一目标而进行的各项旅游要素优化分析后的统筹部署和具体安排，是对未来乡村区域旅游发展的科学谋划。其实质是根据市场环境的变化情况、可持续高质量发展要求和乡村振兴的目标，对与乡村旅游发展有关的生产要素进行科学合理地分配的方案。

乡村旅游是一种特殊的旅游形式，乡村旅游规划也是旅游规划中的一种特殊类型。实践中乡村旅游应该顺其自然、顺应潮流，做到既能持续地吸引游客、做大市场，又能使乡村地区在传承传统生活方式和文化的基础上进一步发展起来，带动产业融合，成为乡村振兴的重要抓手之一。乡村旅游让乡村越来越美，使其成为城乡居民向往的宜居之地；吸引百姓参与，让居民富起来；通过城乡交流，进一步消除城乡居民生活差距，让乡村更文明，百姓更幸福。

（二）乡村旅游规划的基本特征

1.地域性与综合性

乡村旅游规划是针对某一特定乡村区域制定的，要符合区域社会经济情况及发展需要，要符合区域乡村旅游资源特质及利用要求，要符合区域社会文化特征。乡村旅游规划适用且仅适用于规划地，体现了规划地与其他区域规划的差异，具有鲜明的地域特征。

乡村旅游活动本身就是一项综合性的社会经济活动，涉及吃、住、行、游、购、娱等方面。乡村旅游涉及乡村居民的生产与生活，发展乡村旅游的目标之一就是促进乡村综合产业发展，保护乡村的绿水青山，增加农民的非农经济收入。因此，乡村旅游规划，不能只孤立地研究、规划旅游，要把旅游融合到区域社会经济发展中。

发展乡村旅游要学会借力发展，走融合发展之路。发展乡村旅游需要文旅融合、农旅融合、体旅融合、康旅融合，要积极有效地借助公共服务设施、文化服务设施，要借力乡村农业生产、公共文化建设等已有的基础设置。同时通过乡村旅游推动文化事业和农业产业发展。

乡村旅游发展规划的编制需要考虑的因素、因子很多，如地理、历史、文化、建筑、园林、农业、村落、民俗、交通、经济、居民、投资等，要善于把各种因素综合起来，体现出极强的综合性。

2.战略性与科学性

乡村旅游规划服务于乡村地区旅游发展，要为乡村发展提供路径、方案和措施，实践跨度大，涉及部门及产业多，服务对象明确。规划中要有充分的调研、分析，要有科学依据，不能胡编乱造。

3.目的性与主题性

乡村旅游规划立足于对规划地的科学分析和对未来乡村旅游发展的合理安

排，规划目的十分明确，且乡村旅游规划的目标具有多重性，如时间目标、功能目标、协同目标、保护与生态目标、效益目标等。

乡村旅游规划的主要目标之一是提升乡村旅游地的竞争力，为此要围绕乡村旅游的系列主题展开规划设计，要将乡村最具特色的优势特征展现出来，形成一个鲜明的乡村旅游主题，对游客产生强烈的吸引力。

4.技术性与协调性

乡村区域面积大，涉及农业生产、村庄发展、土地利用、村民生活等多方面，乡村旅游规划要涉及美学景观技术、地理信息系统、土地测绘、经济运行分析、环境调查等内容，因此乡村旅游规划编制具有明显的技术性。

乡村旅游规划属于地方社会经济发展规划的组成部分。从纵向看，乡村旅游规划要服从上位规划，如地方社会经济发展规划、国土空间规划、城乡发展规划、村庄规划等；从横向看，乡村旅游规划与农业、土地、水利、交通、电力、社区发展等专项规划有着密切联系，并具有一定的互补性。因此，乡村旅游规划编制具有鲜明的协调性。

5.对规划师综合素质要求高

承担乡村旅游规划编制的人员，要有扎实的专业基础和良好的职业操守，要热爱乡村，要博学且能融会贯通，要有真知灼见和高超的分析、综合和提炼能力，还要有强烈的社会责任感和职业责任心。

承接乡村旅游规划的人员与其他规划人员相比还应具有激情，要善于发现；易于感动，能在感动中产生联想，在联想中提炼出精华，从精华中生发出创意爆点。

二、乡村旅游规划分类

参考《旅游规划通则》，乡村旅游规划基本可分为两类，即乡村旅游发展规划和乡村旅游开发建设规划。

（一）乡村旅游发展规划

乡村有区域性，乡村发展同样涉及不同的层级。乡村旅游是区域旅游发展的重要组成部分，因此可分为省、市、县、乡（镇）和村或部分跨行政区域的规划。主要内容是确定旅游业在该乡村区域内的产业地位、发展目标、发展阶段、总体形象、资源品位、市场定位、总体布局、主导产品、旅游基础、服务设施建设、发展旅游业的战略措施和保障体系。

从国际经验看，国家级旅游及乡村旅游规划的基本内容都是确定总体发展目标并制定发展战略和实施政策。在总体规划框架下可能会有一些专题规划。国家级旅游规划的一个关注点是经济问题，常见的内容是划定开发区，目的是创造就业、改善地方经济状况、提高知名度、支持环境保护、资助和指导基础设施开发建设。国家级旅游规划的另一个重点是市场营销，市场营销的目的之一是促进国际交往与加强国际友谊。

地区级，即省市级，其乡村旅游规划的内容更具体侧重于某些发展问题，对具体旅游地提出某些具体要求，如乡村旅游对地方经济、本地就业的影响，交通系统、供水、供电等基础设施的建设情况，乡村旅游与区域旅游发展的关联及空间布局，地方的宣传、市场营销，特别是乡村旅游产品及品牌建设等。省级规划针对具体地区，规划中会有一定程度的公众利益的介入，因此会寻求国家和地方利益的平衡，从而带动地方乡村整体发展。

地方级，包括市县、乡镇、村级，其旅游规划侧重旅游资源、基础设施、服务要素等的具体安排，会涉及具体开发项目的实施及游客管理，会针对乡村旅游发展中的一些矛盾及问题展开研究并提出解决方案。同时规划战略是否符合实施要求要根据地方情况来判定，因为各方面的影响在地方最为突出，也只有在这里，公众才会对旅游开发做出反应，有些开发指标在这里才能被量化。控制与管理是这一级规划的重要功能。

基于社区的乡村旅游发展规划，由乡村社区制定并管理，社区共担风险和共享收益。通过合作，每个成员都参与其中，或全职，或兼职，或受雇到项目中。还有的乡村社区旅游项目由社区或家庭与外部企业合资开发，这样可以借用外部的商业资源弥补当地在乡村旅游发展方面的不足。

（二）乡村旅游开发建设规划

乡村旅游建设规划包括乡村旅游区、旅游点和旅游设施的规划，参照旅游规划，可进一步划分为概念性规划、总体规划、控制性规划和修建性规划等。

有的地方依托乡村社区发展乡村旅游，会把村庄规划与旅游规划结合在一起。值得注意的是，村庄规划，特别是村庄建筑设计替代不了旅游规划，无论是村庄改造还是新建，都不能把村庄改造规划等同于乡村旅游建设规划。但是如果要依托村庄发展乡村旅游，需要在村庄规划中融入旅游要素，预留出旅游发展的空间。乡村旅游规划则要主动服务乡村建设，在规划中充分利用村庄资源，包括空间、设施设备以及公共服务体系，并叠加文化内容，让空间活起来、动起来，让村民参与进来，把乡村资源转变为乡村旅游发展的资本。

三、乡村旅游规划的要求与原则

（一）乡村旅游规划的内涵要求

第一，通过乡村旅游规划做大产业，围绕主题、突出重点，形成产业链。乡村旅游产业链主要有从事农业生产的第一产业、农产品加工的第二产业和以休闲旅游度假等为主要形式的第三产业。以龙头企业为主体，通过纵向一体化来建设完整的产业链条，达到责任明确、利益清晰、交易成本降低的效果。所以以休闲旅游龙头企业组建形成产业链最为合适。

第二，规划中围绕主题做足文化。文化是乡村旅游项目必不可少的内涵，农耕文化和民俗文化作为人类文明和历史的载体，在休闲农业与乡村旅游中起到了很重要的作用。

第三，注入科技（数字科技、农业科技），培育精品。现代科学技术对人们生产、生活的影响越来越大，特别是以互联网为代表的数字科学技术在人们的生活中扮演着越来越重要的角色，人们的生活已离不开数字科技。乡村旅游发展依托的农业也越来越受到科技的影响，农业科技在乡村产业发展中同样发挥着越来越重要的作用。因此，乡村旅游规划要把数字科技、农业科技等先进科学技术引入并运用到现代乡村旅游发展中。产业联动、业态创新、消费升级、产品更新及市场拓展要发挥科技的力量与作用，通过科技支撑，培育出既适应市场需求又能推动乡村发展的精品。

第四，强化创意创新，提升乡村的品质、效率及附加值。现代乡村旅游发展中盲目跟风、经营项目单一、同质化发展的路子已经行不通。乡村旅游要获得成功必须要创新，乡村旅游规划也不例外。乡村旅游创意包括很多种，如主题创意、景观创意、节庆活动创意、体验活动创意、旅游商品创意、特色业态及产品创意等。乡村旅游规划要融入创意元素，用多元手法，在规划和未来实践指导中实现提升乡村品质、效率及附加值的目标。这样也才能让更多的部门、企业和更多的人参与到乡村旅游中。

第五，社区及村民参与。乡村旅游要营造一个社区，渲染一种与乡村居民心相印、手相牵的生活氛围。乡村旅游实现可持续发展、成为乡村振兴重要抓手的关键在于，当地居民是否能够真正认知乡村及自己的文化价值，能否成为当地绿水青山的保护者、乡土文化的传承者。要实现这个目标，需要社区参与，让所有村民参与到乡村旅游发展中。乡村旅游规划者需明确，社区全面参与是乡村旅游发展的内生动力，也是衡量乡村旅游发展水平的重要要素之一，在乡村旅游规划中，要让社区民居参与到乡村旅游发展的各个阶段、各个层面。从个体参与到群体参与、组织参与，逐步实现全体参与。让村民从规划阶段就参与到乡村旅游发展中，清楚他们在乡村旅游发展中的权利与义务，在规划中反映村民的想法和对旅游的态度，在下一步规划实施中可有效减少村民的反感情绪。让村民主动参与到乡村旅游发展中，达到通过乡村旅游带动乡村发展、助力乡村振兴的目标。

第六，突出“乡村性”，用好乡村遗产，突出“乡愁”文化。乡村性产生于乡村的日常生产、生活等社会实践，是在生产、生活和生态环境等方面不同于城市的表征。乡村性的本质是乡村人所创造的乡村文化。这种文化它体现在有形和无形两个方面，有形的乡村文化表现为乡村的建筑、服饰、食品、田野、果园、环境等物质方面，无形的乡村文化表现为乡村的风俗、风情等精神方面。从需求角度看，乡村性是乡村旅游的核心吸引力，反映了城市居民回归自然、释放自我的心理需求以及对乡村宁静、休闲、淳朴生活的向往。因此，乡村旅游规划必须要突出“乡村性”。乡村旅游规划编制中，要认真分析研究规划地的乡愁构成维度，即地理、历史（时间）、文化和心理，在乡村旅游规划设计中实现传统中融入时尚、传承中体现时代、体验中实现消费。

第七，展示乡村生活。从生态文明消费观来看，乡村生活是一种符合生态文明要求的另一种幸福生活模式。从生态文明建设看，乡村低成本、低消费、低能耗的幸福生活模式，恰恰是需要倡导的新生活方式。

第八，体现乡村旅游作为“经济产业”与“幸福产业”融合发展的要求。现代旅游被视为一种能提高生活质量和舒缓工作压力的休闲活动，体现了对精神和品位的追求。旅游和人民生活水平提高有着密切的关系，在中国，旅游、文化、体育、健康、养老被誉为“五大幸福产业”。“幸福产业”的定性，使得旅游业的属性由传统的经济产业拓展为关乎广大人民群众生活质量和幸福指数的民生产业、惠民产业。“幸福产业”不仅是“产业”，更要“幸福”。因此，乡村旅游规划与相关设计既要有经济效能，使乡村旅游成为乡村经济发展先导产业，有游客消费的项目、产品和商品，成为乡村居民增收的重要路径，更重要的是，要能满足城乡居民对美好生活的追求。乡村旅游规划要充分考虑游客从旅游向休闲、体验、度假、生活发展的趋势，要把乡村旅游业打造成为让人民满意的幸福产业。

（二）乡村旅游规划应遵循的原则

乡村旅游规划所要考虑的内容包括乡村目标旅游市场需求、资源约束、社会宏观条件、经济条件等问题。乡村旅游规划需要把乡村的产业、土地利用、乡村景观等进行统一规划，把乡村旅游纳入区域发展大格局。在具体规划中，应注意导入产业资源、文旅 IP、运营管理机构，有效利用乡村资源，最大限度地市场化运作，最有效地保护生态环境，最大程度地提高经济效益。因此，在编制乡村旅游规划时，需要遵循一些基本的原则。

1. 科学规划原则

坚持科学规划，立足区域社会经济发展全局，着眼城乡一体化发展趋势，统筹考虑乡村旅游建设与周边城市发展相协调，公共基础设施与未来游客量相适应。分期滚动开发，不断完善乡村旅游产品体系，重视顶层规划设计，从而明晰乡村旅游发展思路，整合乡村资源和各方发展力量，以科学的规划保护生态环境、保护乡村文化脉络、保护乡村基本农田。

尊重村庄肌理，保护乡村原有的山地、林地、草地、农田、河流、池塘等资源，构建人与自然和谐的“天人合一”关系。在规划设计时，以绿色生态为发展理念，充分利用乡村现有的自然景观资源，实现景观设计与生态自然的协调发展。同时强调乡村原真性，重视乡村的整体格局和传统风貌。

2. 文化保护原则

乡村文化作为乡村社会的灵魂，承载着丰富的历史记忆与浓厚的民族情感，是乡村旅游吸引力的根本所在。在规划过程中，必须充分认识到文化保护的重要性，将文化传承与保护纳入规划的核心目标。

具体而言，规划应尊重并保护乡村的传统文化、民俗风情、历史遗迹和非物质文化遗产等。这要求规划者在项目设计、空间布局、活动安排等方面，充分考虑文化元素的融入与展示，避免对乡村文化的破坏与同质化改造。同时，应加强对乡村文化资源的调查与评估，建立完善的文化保护机制，确保乡村文化的真实性与完整性得到有效维护。

此外，文化保护还意味着要促进乡村文化的活态传承。鼓励当地居民参与乡村旅游经营，传承与展示传统技艺、民俗活动，这不仅有助于提升乡村旅游的文化内涵，还能为乡村文化的传承与发展注入新的活力。

3. 多方参与原则

乡村旅游的发展涉及政府、企业、社区居民和游客等多个利益相关方，他们的共同参与和协作对乡村旅游的可持续发展至关重要。

在规划阶段，应充分听取并吸纳各方意见与建议，确保规划方案的合理性与可行性。政府应发挥引导作用，提供政策支持与资金扶持；企业应积极参与，投入资源与技术，推动乡村旅游项目的落地与实施；社区居民作为乡村旅游的主体，应被赋予更多的话语权和参与权，确保他们的利益得到保障；游客作为乡村旅游的消费者，其需求与偏好也应成为规划考虑的重要因素。

多方参与原则还要求建立有效的沟通机制与协调机制，确保各方利益得到平衡与协调。通过定期召开座谈会、听证会等方式，及时了解各方诉求与意见，调整与优化规划方案，确保乡村旅游规划的科学性与民主性。

4. 明确特色原则

在乡村旅游日益同质化的背景下，突出特色、打造差异化竞争优势成为吸引游客的关键。

规划应深入挖掘乡村地区的自然资源、文化资源和产业资源等特色元素，将其融入乡村旅游产品与服务的设计中。通过打造具有地方特色的乡村旅游品牌，提升乡村旅游的辨识度与吸引力。同时，应注重保护与展示乡村的原始风貌与生态环境，避免过度开发与商业化改造，确保乡村旅游的特色与魅力得到保持与提升。

此外，明确特色原则还要求规划者具备创新思维与前瞻性眼光。在借鉴国内外成功经验的基础上，结合乡村地区的实际情况，探索符合自身特色的乡村旅游发展模式与路径，为乡村旅游的持续发展注入新的动力。

5. 可持续性原则

乡村旅游的发展应以不损害乡村生态环境、不破坏乡村文化资源为前提，确保乡村旅游的长期发展与乡村社会的整体进步。

规划应充分考虑乡村地区的生态承载能力与环境容量，合理控制旅游开发强度与规模。采用生态友好的建设材料与技术手段，减少对乡村生态环境的破坏与污染。同时，应加强对乡村生态环境的保护与修复工作，确保乡村旅游活动与生态环境的和谐共生。

在经济发展方面，规划应注重乡村旅游与当地经济的融合发展。通过培育乡村旅游产业链、提升乡村旅游产品的附加值等方式，促进乡村经济的多元化与可持续发展。此外，还应关注乡村旅游对当地居民生活的影响，确保乡村旅游的发展成果惠及广大乡村居民，实现乡村旅游的社会效益与经济效益双重提升。

6. 综合性原则

乡村旅游规划要秉持综合性原则，平衡乡村旅游的各个利益相关者。要充分调动组织机构、投资商、运营商、当地居民的积极性，发挥各自的比较优势，将其整合成为一个利益共同体。按照居民、村集体、企业等利益相关者所持股份进行分红，村民以股东身份获得经营收入或享有分红的权益，以参与者或经营者身份享有旅游开发的权益。

此外，乡村旅游规划还需引入旅游学、农学、环境学、营销学、地理学、生态学等综合学科，综合学科的运用是保证乡村旅游规划落地的必备条件。

7. 生态性原则

乡村生态自然环境是乡村旅游开发的基础。常年居住在城市的人们每天面对着快节奏的工作、生活和钢筋水泥的建筑物，乡村旅游是一个缓解压力、亲近自然的极佳选择，因此充分尊重自然生态是进行乡村旅游规划的重要原则，要依照大自然赠予的天然景观进行规划设计，给人们创造一个闲适、自然的游憩场所。坚持生态性原则，即在乡村旅游规划设计中，运用景观生态学的相关原理对旅游生态环境诸方面的平衡和协调发展予以保护，最大限度地保持自然生态。

第二节　乡村旅游资源的挖掘与开发

乡村旅游资源是指存在于乡村地区的旅游资源，是一系列因其所具有的审美和愉悦价值而使旅游者为之向往的自然存在、历史文化和社会现象。乡村旅游资源不仅仅指农业旅游资源，也不只包括乡野风光等自然旅游资源，还包括乡村建筑、乡村聚落、乡村民俗、乡村文化、乡村饮食、乡村服饰、农业景观和农事活动等人文旅游资源；不但包括乡村景观等有形的旅游资源，也包括乡村社会经济等无形的旅游资源。

一、乡村旅游资源的调查与评价

乡村旅游资源分布广泛，多种多样。一方面，乡村旅游资源随着时间的变迁和利用方式的改变，自身的构成及其在周边环境中的地位不断发生变化；另一方面，随着人们生产水平的不断提高和认识能力的增强，乡村旅游资源的深度和广度都得到了拓展。为了使乡村旅游资源得到充分而合理的利用，首先必须摸清“家底”。所以，对乡村旅游资源的调查与评价，是实施开发之前的两项基础性工作。通过资源调查与评价，我们能系统地查清调查区域内可供利用的乡村旅游资源状况，相对全面地掌握乡村旅游资源的数量、质量、规模、性质、成因、特点、级别及价值等基本情况。这两项基础性工作紧密联系、相辅相成，调查是评价的基础，评价是调查的深化，其共同目的都是为乡村旅游资源的科学开发和合理利用做好准备，为乡村旅游发展提供决策依据。

（一）乡村旅游资源调查

当我们具体开展乡村旅游资源调查工作的时候，需要清楚调查主体，根据其要求采用不同的调查深度，从而确定调查内容，并运用合适的调查方法，按照调查程序的要求来完成调查工作。

1.调查主体

一般地，有三类主体会对乡村旅游资源进行调查，分别为政府及相关职能部门、市场开发者和学术研究者。政府及相关职能部门对所辖区域内的乡村旅游资源进行调查，目的在于了解本地区乡村旅游资源的整体情况，如数量、规模、分布情况等；市场开发者一般针对所要开发的对象进行详细调查，并对周边环境和旅游影响因素等进行相应的了解；学术研究者一般根据课题项目的要求对课题相关的乡村范畴内的旅游资源进行调查研究。不同的调查主体因其所做调查的目的不同，故而在调查深度、调查内容、调查方法上的选择和应用也是不一样的。

2.调查深度

在乡村旅游资源调查中，不同的调查目的对资源的调查深浅程度和调查精度的要求也是不一样的，即调查深度不同。乡村旅游资源调查通常有详查和概查两个档次。详查是为了解和掌握整个调查区域内乡村旅游资源全面详细的情况，按照全部既定调查程序而进行的调查。而概查是对乡村旅游资源进行一般性的调查，且工作程序简化，资料收集限定在与项目有关的范围内。例如，在对某省乡村旅游资源进行调查时，若采用详查则需成立专门的调查组，且成员一般由专业人员担任，根据《旅游资源分类、调查与评价》（GB/T18972-2017）（以下简称“国标”）要求，对全省范围内所有的乡村旅游资源进行全面调查，完成所有的调查程序，并建立全省乡村旅游资源数据库，用于全省的乡村旅游研究、开发和信息管理等。而如果要做某省内“某村酒地生态农业观光园总体规划”时，则可以在该省的乡村旅游资源信息库的基础上，采用概查的方式，选取与该村酒地生态农业观光园相关的乡村旅游资源进行调查，简化调查程序，从第二手信息入手分析，小范围内进行实地调研，出具相关调查报告为“某村酒地生态农业观光园总体规划”服务。在具体的乡村旅游开发规划中，详查是获取更详尽的基础资料，概查是在详查资料基础上，对相关具体事项的调查。为了让大家更全面地认识和掌握乡村旅游资源调查，本书以下关于调查内容、调查方法和调查程序的论述，均按照详查的要求进行介绍。

3. 调查内容

（1）乡村旅游资源形成的环境

通过上述对乡村旅游资源的介绍，我们知道，乡村旅游资源形成的环境主要包括自然环境、人文环境和社会环境三个方面。值得注意的是，在通常情况下，同一地区的不同资源单体几乎都拥有相同或相近的形成环境，可以一并进行调查。

自然环境：主要调查影响当地农业生产的地质地貌要素、水文要素、气候气象要素和动植物要素，这些环境要素对乡村旅游资源的形成产生重要影响。

人文环境：主要调查乡村的历史沿革，包括曾经在此发生的历史事件、名人活动、民族文化起源等，以充分认识历史变迁对当地古民居、古建筑、民风民俗的影响因素。

社会环境：一要了解乡村概况，包括所在县市、面积、人口、农业情况及依托的周边城市等；二要了解经济状况，包括乡村的经济特征和经济发展水平，如农民收入、收入来源、消费结构与消费水平、物价指数与物价水平等；三要了解社会现状，包括安全水平、民族分布、受教育程度、宗教信仰、风俗习惯、价值观念、文化禁忌等；四要了解政策法规，包括当地有关乡村旅游资源开发、管理的方针、政策，社会经济发展规划，以及资源法、乡村旅游法、环境保护法和乡村旅游管理条例等的建立及执行情况。

（2）乡村旅游资源单体

调查最重要的内容为乡村旅游资源本身，表现为乡村旅游资源单体的类型、特征、成因、规模、组合结构及开发状况等。具体为：首先找出其在乡村旅游资源分类中最贴切的类型；其次调查其相应特征，并对这一资源进行成因分析；再确定其规模，如有多少古民居、占地多少等；然后了解资源结构，如农田、草场等自然风光或传统文化、历史民居等人文景观，或者是两者相结合；最后需要了解其开发状态及已开发项目的类型、旅游人次、旅游收入、消费水平等，同时与周边地区同类旅游资源的开发做比较，并拟订未来的开发计划等。

（3）乡村旅游配套要素

交通设施，主要指乡村的可进入交通方式，由于乡村旅游的客源主要来自周边城市，故自驾车（包括租车）和公共汽车（包括出租车）是游客的主要选择，这就需要了解其公路情况，尤其需要注意的是乡村停车场的数量与分布。住宿设施，包括乡村本地区的民宿、民居、商业宾馆等，当地多种住宿设施的规模、数量、功能、分布情况、卫生状况、接待条件和能力、房间数、出租率、价格等。餐饮配套，包括可提供餐饮的农家和餐厅的规模、数量、分布情况，当地的特色食材、特色小吃、特色菜品、卫生状况和服务质量等。其他服务设施，包括零售商店、购物中心、土特产销售店、乡村会议中心、网络通信、医疗服务、服务人员素质等。

4. 调查方法

在乡村旅游资源的实地调研中，需要选取一种合适的调查方法，或是几种调查方法相结合，以提高调查效率。常用的乡村旅游资源调查方法主要有以下几种。

座谈访问法：包括座谈会和访问两种形式。在乡村旅游资源调查中，座谈会是调查人员与当地政府、村民代表、年长者及相关专家等共同参加的会议，一般在调查地当地进行。这种集中探讨式的会议信息量大、效率高，会上要做好会议文字记录、录音、录像等工作。访问法是在考察过程中进行的，对象主要是当地相关部门、居民及旅游者，通常需要设计调查问卷、调查卡片、调查表等，通过面谈调查、电话调查、邮寄调查、留置问卷调查等形式进行访问。由于大量乡村地区的历史和文化习俗并没有文字记载，一般通过语言口口相传的方式传承，所以访问法在乡村旅游资源调查中是常用和非常重要的调查方法，能获得大量必要并且有价值的第一手资料。

现代科技调查法：乡村地区所处的地理位置一般较偏僻，有的乡村周边还可能有较大规模的森林、草场等，故在对其进行旅游资源调查时可采用遥感技术收集多种比例尺、多种类型的遥感图像和与之相匹配的地形图、地质图、地理图等，不仅能对乡村旅游资源的类型定性，为其定量标志，而且还可以发现一些其他调查方法不易发现的潜在旅游资源。

资料搜集分析法：搜集乡村旅游资源的各种现有信息数据和相关资料，从中摘取与调查项目有关的内容，进行分析研究，从而获取研究范围内乡村旅游资源的文字和图片信息。但由于乡村地区一般文字资料较少，且多处于人与自然的互动状态，很多资源的特性也会随着时间而变化，一些信息数据和相关资料时效性不强。因此，在乡村旅游资源调查中，这种方法只能是一种辅助的调查方法。

统计分析法：任何一个乡村都是由多种旅游景观类型和环境要素组成的。统计各种景观类型和环境要素的基本数据，对确定一个旅游区的旅游特色和旅游价值具有重要作用。

分类分区法：把乡村地区的旅游资源按其形态特征、内在属性、美感、吸引力等加以分类，并进行调查研究，与同类型的其他乡村资源比较、评价，得出该乡村旅游资源的种类、一般特征、独特特征、质量等，以便于制定开发规划，有助于乡村旅游资源的开发利用。

5. 调查程序

（1）准备阶段

进行乡村旅游资源调查的第一步，就是要成立专门的调查工作小组，在工作小组成员的共同讨论和分工协作下，明确调查内容并制订旅游资源调查的工作计划和工作方案，准备调查设备设施，拟定乡村旅游资源分类体系，设计乡村旅游资源调查表和调查问卷。

接下来则是第二手资料的准备，主要指已有的资料，包括调查区域内与乡村旅游资源单体及其周围环境有关的各类文字描述资料（公开出版和发表的各类书籍、杂志、报纸和宣传材料上的文字记述），与乡村旅游资源有关的各类图形资料（如专题地图），相关的照片和影像资料（可从网络或者当地政府获得）等。一般来讲，乡村旅游资源的第二手资料较少。

（2）资料和数据采集阶段

在开展调查前，还需要确定乡村的具体位置和调查线路，为实地的资料和数据采集做好准备。在收集分析第二手资料的基础上，调查人员选取合适的调查方法进行实地调查获得第一手资料，并填写《旅游资源单体调查表》。在进行实地调研时需要注意：由于乡村的文化差异性，应做好当地向导及相关语言翻译准备；做好野外防护措施，防止摔伤或被野生动物侵害等；做好文字记录和录像等工作。

（3）文件编辑阶段

整理分析资料：首先审查收集的第二手和第一手资料，剔除有错误的内容，并补充、修正资料；其次应用科学的方法对资料进行编码与分类；然后借助一定的统计分析技术，对资料进行分析；最后采用常规的资料储存方法或计算机储存方法，将资料归档存储，以利于今后查阅和再利用。乡村旅游资源调查报告为综合性的图文资料，此为整个调查工作的具体成果，借助调查报告可以了解此乡村区域内旅游资源的总体特征，并可获取专门资料和数据。调查报告是进行乡村旅游资源评价的主要依据。

（二）乡村旅游资源评价

乡村旅游资源评价是指按照一定的标准确定某一旅游资源的地位，以确定被评价资源的重要程度和开发利用价值。资源评价有助于了解、认识其旅游吸引力的强弱，明确其市场定位及发展方向。故而资源评价的准确性直接关系到旅游资源的开发前景，是发展乡村旅游的重要基础性工作。

乡村旅游的资源评价通常由乡村旅游行业管理者或资源开发者来组织实施，目的是用科学客观的评价结果来指导其招商重点或开发重点。一些政府机关由于资源保护等原因，也会组织开展乡村旅游资源评价。另外，一些院校和机构出于学术研究的需求，也对乡村旅游资源进行评价。

乡村旅游资源评价工作看似简单，但要真正有效地开展起来实属不易。很重要的一个原因是评价工作的实施者往往受到自身经验或主观意愿的影响，关注和使用的评价标准多有差异，评价结果也因人而异。当然，一项资源评价工作不可能面面俱到、毫无瑕疵。那么如何使乡村旅游资源评价做到科学而客观呢？多年以来，专家学者研究出的定性或定量评价方法也不胜枚举，但是仅从实用性的角度出发，目前相对权威的评价方法还是国家旅游局 2017 年颁布的《旅游资源分类、调查与评价》。该评价标准包括评价项目、评价因子、评价依据、评价赋分四个方面。评价项目包括“资源要素价值”“资源影响力”“附加值”三项。其中，“资源要素价值”包含“观赏游憩使用价值”（30 分）、“历史文化科学艺术价值”（25 分）、“珍稀奇特程度”（15 分）、“规模、丰度与概率”（10 分）、“完整性”（5 分）五项评价因子。“资源影响力”包含“知名度和影响力”（10 分）、“适游期或使用范围”（5 分）两项评价因子。“附加值”包含“环境保护与环境安全”（± 5 分）一项评价因子。

根据对旅游资源单体的评价，得出该单体旅游资源共有综合因子评价赋分值。依据旅游资源单体评价总分，将其分为五个等级，从高级到低级为：五级旅游资源得分值域大于或等于 90 分、四级旅游资源得分值域 75 ~ 89 分、三级旅游资源得分值域 60 ~ 74 分、二级旅游资源得分值域 45 ~ 59 分、一级旅游资源得分值域 30 ~ 44 分。总分低于 29 分的单体称为“未获等级旅游资源”或等外旅游资源。其中五级旅游资源又称为“极品级旅游资源”，五级、四级、三级旅游资源统称为“优良级旅游资源”，二级、一级旅游资源统称为“普通级旅游资源”。

“国标”中的评价方法在理论上适用于所有的旅游资源，但乡村旅游资源通常规模较小，观光价值一般，且具有乡土性、时令性、脆弱性等特征，故从国标的各项评价因子来看，仍有部分因子与乡村旅游资源的契合度不高，导致以国标来评价乡村旅游资源时，常常出现等级过低（以普通级和未获等级资源为主）的问题。因此，国标并不完全适用于对乡村旅游资源的评价，不宜作为唯一评判标准，但国标却为研究更加适合乡村旅游资源的评价方法提供了参考。

首先来看“观赏游憩使用价值”评价因子，该评价因子与黄辉实提出的“六字七标准”评价法中“美、古、名、特、奇、用”有异曲同工之巧，是一项组合式因子，用于评价观光资源或景区景点类资源时效果极佳。但大部分乡村旅游资源的观赏价值有限，使用价值也一般，仅保有部分的游憩价值，无法用该项因子来进行很好的评价。在这里我们建议可对该项因子的描述和权重进行一定程度的修正。

在“历史文化科学艺术价值”评价因子中，当资源达到相应的世界级、国家级、省级级别后，可以获得较高的分值。虽然我国不乏世界级、国家级的乡村旅游资源，但绝大多数不以历史、文化、科学或艺术价值取胜。陕西的袁家村、德清的洋家乐、长兴的水口乡、成都的五朵金花等乡村旅游的佼佼者，几乎都不具备很高的历史文化科学艺术价值。与之相对，一些历史文化价值很高的乡村，受限于区位交通等开发瓶颈，难以成为乡村旅游的热点地区。因此我们建议，在评价乡村旅游资源时，需要将该项评价因子的权重进行下调。

至于“珍稀奇特程度”，因为乡村地区极难出现拥有“大量珍稀物种”“景观异常奇特”或是“其他地区罕见”的现象，恐怕也不适宜评判乡村旅游资源品质的优劣。

“规模、丰度与概率”和“完整性”两个因子，虽然都适用于乡村旅游资源，但均非乡村旅游资源吸引力的决定性因素。不少乡村民宿就以小而精、小而美著称，而不以规模取胜。我们建议可调低该两项因子的权重。

至于“知名度和影响力”和“适游期或使用范围”两个因子，用于评价乡村旅游资源有其部分正确性。但是乡村旅游资源的辐射范围以周边市场为主，几乎不可能形成“世界承认的品牌”，再加上在前文中提到的时令性特征，少有全年适游的乡村旅游资源。因此，我们也不建议过度放大该两项因子的权重。反而当我们讲到“环境保护与环境安全”时，很多乡村地区的吸引力就凸显出来了。与绝大多数城市环境相比，乡村地区更加亲近自然、空气清新，令人心情舒畅。从前文我们也已经了解到，更多人以家庭为单位，选择带孩子参加乡村旅游，安全性已经成为出行选择的首要考虑因素。因此，我们建议，在评价乡村旅游资源时，加大该项因子的权重系数。

除了以上“国标”中提到的“资源要素价值”“资源影响力”和“附加值”三个项目外，还有更多因素需要考虑。这里并非说“国标”的评价方法不可取，而是说单纯以“国标”来评判某项乡村旅游资源是否值得开发显然是不够的。因此，本书所要强调的是，在对待开发的旅游资源进行评价时，归根结底还要以项目的市场价值作为评价标准。在评价市场价值时，评价因子可以更加侧重于对乡村旅游资源开发利用条件的评价。卢云亭“三、三、六”评价法中，就突出强调了六大资源开发利用条件的评估，包括地理位置和交通条件、景物的地域组合条件、景区旅游容量条件、游人市场条件、投资能力条件、施工难易条件。刘庆有构建的乡村旅游资源综合评价模型，则突出了对外围吸引物、可进入性、设施和乡村性的评价。以上因素都是在完善乡村旅游评价方法时，可以考虑加入的评价因子。

综上所述，在“国标”的基础上，我们结合乡村旅游资源的特性，给出了一定程度的修正建议，现将其总结如下：一是建议下调“资源要素价值”评价项目中“观赏游憩使用价值”“历史文化科学艺术价值”“珍稀奇特程度”“规模、丰度与概率”四个评价因子的权重；二是增加有关“资源开发利用条件”的评价项目，包括“可进入性”“旅游者市场条件”“开发难易条件”等评价因子；三是上调“附加值”评价项目中“环境保护与环境安全”因子的权重。

通过这几项调整，我们尝试构建更加适宜乡村旅游资源的评价体系，并希望启发更多人在此方面做出更具科学性和实用性的探索。当然，由于乡村旅游资源种类多样，一个评价方法并不能完全客观地应用到所有的乡村旅游地，在具体运用时，还应根据实际情况做适当的调整。

二、乡村旅游资源的开发与整合

（一）乡村旅游资源的开发

乡村旅游资源的开发，是指运用一定的资金和技术，对乡村的自然旅游资源、文化旅游资源和社会旅游资源进行开发利用，使其产生经济价值及其他多种价值，或加强其已被利用的广度和深度而提高其综合价值。

1. 乡村旅游资源开发的意义

乡村旅游资源的潜在优势不容忽视，合理进行乡村旅游资源开发，能为乡村带来经济、社会、文化、环境等方面的积极影响，从而促进乡村产业发展，有利于减缓城乡二元经济结构对乡村地区的负面影响。有学者认为，乡村旅游业是21世纪最具潜力的产业，能够在带动农民脱贫致富、推动农业产业结构调整等方面发挥重要作用。

在经济方面，乡村旅游资源开发有利于农业增效、农民增收、农村和谐，直接受益对象是农民。乡村旅游业可以调整产业结构，促进农业向第三产业转移，增加农民的收入。同时，乡村旅游开发也成为各级政府和私人投资的热点，一方面能够为地方吸引大量的资金，另一方面旅游开发也可以推进乡村的基础设施建设。

在社会方面，旅游业的发展具有显著的就业效应，可为农村剩余劳动力提供大量就业机会。一方面，发展旅游业可以推动农民就业；另一方面，就业的扩大反过来促进旅游业的发展，实现发展旅游业与扩大就业的良性互动。

在文化方面，乡村文化一直以其独有的淳朴、敦厚为世人所称赞，地方民俗文化、节庆文化、民间艺术，乃至历史文化遗产等文化资源构成了乡村旅游发展的独特吸引力，旅游资源的开发可有力促进优秀乡村文化的对外传播，促进本土文化的弘扬和保护。同时，城市资金和项目的引进能够吸引市民到乡村休闲旅游，促进城乡文化的互动与交融。

在环境方面，随着乡村旅游资源开发的推进，乡村地区可以积极申请相关部门的扶持资金，或统筹利用部分乡村旅游经营性收入，从改善乡村生产和生活条件的角度出发，加大乡村基础设施建设投入，改善农村用电、用水、交通、卫生条件和农业生态环境。

2. 乡村旅游资源开发的主体

乡村旅游资源开发作为一种经济发展形式，自然存在着诸多利益相关者，由多种力量共同决定开发的方向。当前阶段，我国乡村旅游资源开发的主要参与者包括政府、企业、农户和村委会，这几类利益相关者都有其各自需要扮演的角色。

3. 乡村旅游资源开发的内容

要开发旅游资源，把乡村变为一个相对成熟的旅游目的地，离不开硬件设施的支撑，以及吸引力和软服务的注入。通常来说，需要开发的内容包括基础服务设施、乡村旅游产品、乡村旅游要素体系、乡村旅游节庆活动等。

（1）基础服务设施。通常包括乡村公路、供水设施、电力设施、污水垃圾处理设施等农村基础设施，也包括停车场、厕所、标识牌等乡村旅游服务设施，这些是乡村旅游资源开发的首要前提。一般情况下，该项内容由地方政府负责开发，但需特别关注各类设施的功能性、美观性等方面，要与乡村旅游需求相衔接，尽量实行农村基础设施和乡村旅游服务设施的一体化开发建设，避免割裂建设和重复建设。

（2）乡村旅游产品。原始状态的乡村旅游资源需要经过创意的设计、包装，才能成为具有市场吸引力的乡村旅游产品。依据基本经营形态和生产生活空间，利用相应的乡村旅游资源，我们可以开发民宿、农庄、度假村和市民农园四类产品。在乡村旅游资源组合性较强的地区，我们还可以开发乡村旅游村域、乡村旅游景区、乡村旅游集聚区、乡村旅游度假区四类产品。在乡村旅游中，独特的乡村旅游产品通常都是市场青睐的核心吸引力，是游客心向往之的具体对象。

（3）乡村旅游要素体系。面对成批旅游者的到来，仅有基础设施和核心产品是远远不够的，还应该考虑怎么让他们食有佳肴、住有房舍、行有道路、观有美景、购有特产、玩有体验。这就需要在原有乡村外形的基础上，做一定的改造和建设，将旅游的“吃、住、行、游、购、娱”等要素融入乡村旅游中。

（4）乡村旅游节庆活动。结合民族节庆和乡村资源，周期性地开发采摘节、服饰节、音乐节、美食节、过大年等节庆活动，从而形成一种特殊的旅游吸引力。举办节庆活动，可以吸引区域内外的游人，产生经济和社会效益。

4. 乡村旅游资源开发的流程

乡村旅游资源的开发是一项复杂的系统工程，要遵循资源固有的客观规律，有计划、有步骤地进行，避免旅游资源的浪费甚至破坏。根据开发主体、开发内容的不同，乡村旅游资源的开发流程也各有差异。但是一般来说，乡村旅游资源在开发时有以下几个步骤：

（1）组建开发小组。负责对整体开发工作进行筹划、规划、监督和执行。

（2）筹措开发资金。依据“谁投资，谁受益”的原则，预估资金投入和回报，自筹或融资，合理投入资源开发的各环节中。

（3）规划和建设。基于对乡村旅游资源的调查和评价，制订旅游资源开发规划方案，有的还需要制订单体项目的设计方案，并由投资主体严格按照开发和设计方案进行各种建设工作。

（4）经营和营销。就目前而言，大多数的乡村旅游开发者就是乡村旅游的经营者，但很多乡村旅游点只重建设不重管理，只重噱头不重品质，常常造成赢利能力低下和发展后继无力的结果。在经营过程中，如何加强宣传、拓展渠道，通过营销来激发游客的出行欲望，也是一个容易被忽略的问题。因此，组建更专业的经营和营销团队，实施合理的经营和营销策略，也是乡村旅游资源开发流程中的重要环节。

（5）定期更新和升级。为保持乡村旅游项目的长期竞争力，需要有计划地进行更新升级。湖州市从 1998 年开始每隔五年左右，就在市场和政府的双重引导下，进行一次乡村旅游产品的全面更新。目前已经由“农家乐”发展为“乡村旅游”，又发展到“乡村度假”和“乡村生活”，被称为“中国乡村旅游第一市”。取得这样的成果就是因为其始终领先竞争对手一步，不断进行乡村旅游产品的更新和升级，维持乡村旅游的竞争力。

（二）乡村旅游资源的整合

1. 乡村旅游资源整合的意义

第一，对旅游产业升级有利。旅游产业升级的实现是需要一定基础的，而这主要是指乡村旅游资源的整合。改革开放以来，我国在旅游资源方面的开发力度不断加大，不同类型的旅游景区、景点被开发建设了起来，为旅游者提供了良好的服务，满足了他们在这方面的需求。即便如此，旅游资源方面仍然存在着一些问题。比如，旅游资源空间结构不够紧凑，较为松散；类型相同的旅游资源存在着重复开发的情况；旅游资源产业链条缺乏多元化；特定区域具有显著特色的旅游资源的开发和建设缺乏主题性；“门票经济”现象严重等。因此，只有将这些方面的问题妥善解决好，旅游产业升级才有可能实现。整合旅游资源为旅游产业升级提供了有效的思路和手段。旅游资源整合能够集合单体旅游资源优势，合理分工、有效互补，容易实现规模优势与集群优势，从而夯实旅游产业升级的资源基础。

第二，对区域协调发展有利。在世界经济全球化与区域化的背景下，旅游业的竞争也发生了变化，原先的竞争主要体现在景点、旅游线路、旅游目的地方面，现在已经发展到区域竞争。当前，人们的生活水平不断提高，可支配收入和闲暇时间都有了保证，旅游者对深度旅游、个性旅游的倾向性更强一些，这就对旅游资源的品级、丰度等提出了更高的要求。要实现旅游资源整合，就要在一定程度上打破地域限制、行政分割，合理划分和布局旅游资源点、资源区，保证区域旅游活动内容的丰富性和层次的多元化，这样才能使不同旅游者的各项需求都能得到满足。

第三，对形成区域品牌形象有利。当前社会中，经过不断开发，旅游资源越来越丰富，再加上各方面大力的宣传，旅游者在选择旅游目的地时，往往会有太多的选择，这时候，那些内涵丰富、鲜明生动的旅游品牌形象往往会对旅游者的选择产生重要的影响。

一般来说，在一定区域范围内，往往会有若干个旅游资源单体同时存在，但是，它们的旅游形象却各有不同，带给旅游者的印象也通常是碎片式的。在这种情况下，就需要进行乡村旅游资源的整合，在全面分析各种旅游资源特点的同时，将它们之间的共性找出来，设定一个鲜明的主题，对资源进行重新组合，将各方面的优势集中起来，塑造区域形象，从而形成品牌优势。

2. 乡村旅游资源整合的形式

（1）空间整合

按照行政区域划分，可以将乡村旅游资源空间整合的尺度大致分为超国家尺度、国家尺度、省（市）尺度、市（县）尺度、乡镇尺度等。跨行政区共生旅游资源空间整合和旅游资源密集区空间整合是其中的两个主要内容。

其一，跨行政区共生旅游资源空间整合。

所谓的跨行政区共生旅游资源，就是旅游资源所依托的地域被划分到了不同的行政区，旅游资源为两个或两个以上行政区共有，由不同的行政区分别对各部分行使管理使用权和行政管辖权。

跨行政区共生旅游资源本身就是一种特殊的旅游资源，其显著特征主要包括地理位置相邻性、资源类型共同性、资源开发相互依赖性、利益主体复杂性等。目前，可以通过行政划拨重新配置、组建联合管理机构、构建区间旅游通道、重组区域旅游产品、旅游企业集约经营等途径来对跨行政区共生旅游资源加以整合。

其二，旅游资源密集区空间整合。

旅游资源密集区域往往具有丰富的旅游资源，该区域也会因此而得到政府和旅游开发商的青睐，优先得到发展，周围不断聚集为旅游服务的旅游企业，相应的旅游服务配套设施得到完善。但是，由于各个景区的主管单位及开发商不同，难免形成各自为政、独立发展的混乱局面，又由于所处地缘相近、文化相亲，所以在开发上容易出现形象主题趋同的现象，导致这些问题出现的根本原因就在于开发过程中统筹整合的欠缺。

（2）主题整合

主题整合可以是一个主题框架下的系统整合，也可以是两个或多个主题的交叉整合。当前，较为热门的乡村旅游资源主题整合内容主要有以下几个方面：

一是生态旅游资源整合。当前，关于生态旅游的概念还没有形成统一的认知，但是，有几个方面是达成共识的。第一，旅游地通常都是有着良好的生态环境和浓郁的文化气息的地区；第二，旅游者、当地居民、旅游经营管理者等往往环境意识比较强；第三，旅游行为对环境的影响通常都是积极的；第四，旅游能够获得环境保护者的支持；第五，当地居民在旅游开发与管理中能够参与其中，还能对旅游所产生的经济利益进行分享；第六，对旅游者和当地社区等起到环境教育作用；第七，生态旅游是一种新型的、可持续的旅游活动。具体来说，生态旅游资源整合的内容主要包括：内容整合——去伪存真，空间整合——功能分区，机制整合——社区参与。

二是节庆旅游资源整合。一般地，节庆旅游活动的开展是规模不一的，在特定区域内定期或不定期举行，且所开展的旅游项目丰富多彩，有一定的主题性，以其独特的节庆活动对游客进行吸引，从而使旅游目的地的知名度和美誉度都得到有效提升。需要注意的是，由于对节庆活动的良好预期，我国各地的旅游景区纷纷举办节庆活动，呈现出一片热闹景象。但是，从全国大大小小的节庆活动中可以发现，节庆活动存在着很多严重的问题，比如定位重叠、主题雷同、缺乏个性、跟风等。大多数的庆事活动未能从战略高度和地域特色的角度定位，旅游节、美食节、服装节、文化节千篇一律，活动形式往往大同小异，难以真正起到塑造和传播城市形象的作用。鉴于这些问题，各旅游景区就需要运用整合的思维和手段来加以解决。一般来说，节庆旅游资源的整合内容主要包括产品体系的主题化、时间安排的序列化、空间布局的协同化三个方面。

三是水域旅游资源整合。水域旅游资源是相对于陆地旅游资源而言的，一般来说，江、河、湖、海、水库、渠道等都属于水域旅游资源的范畴，从空间上来说，其主要包含水上、水下和沿岸三个部分。水域旅游资源具有显著的综合性和复杂性特点，这就需要通过整合的方法，合理安排整体中的每一个局部，以求达到整体的优化。在整合过程中，需要对水域旅游资源的四大特性加以注意，即跨界流动性、空间敞开性、水陆关联性、构景多元性。

（3）文化整合

旅游文化，本身是作为一种综合文化现象存在的，能使旅游者求新、求知、求乐、求美的欲望得到较好的满足。所谓的旅游文化，就是指能为旅游服务的文化，反映目的地独特形象的文化。特色旅游文化往往成为旅游目的地的核心竞争优势。我国较为典型的当属上海的海派文化、山西的晋商文化、南京的民国文化、瑞金的红色文化、郴州的福地文化、武夷山的茶文化等。但是，不可忽视的是，邻近区域难免具有共同的文化大类，这就要求通过文化整合，在“大同”中求“小异”，从而有效规避资源同构，谋求区域共赢。

3. 乡村旅游资源整合的机制

（1）旅游资源的空间共生性是整合的内动力。乡村旅游资源都是在特定的空间中存在的，换句话说，在同一空间内，会存在着多种乡村旅游资源，通常有同类和异类之分。其中，存在竞争关系的同类乡村旅游资源，它们之间需要进行必要的整合协调、错位发展，从而避免恶性竞争。而对于异类乡村旅游资源来说，它们之间的差异性较为显著，虽然内容互补，但风格不一，主题各异。这就要求对异类旅游资源进行整合，挖掘区域特色，形成区域整体形象。由此可见，一定区域范围内，不同旅游资源之间有一种天然的空间共生性，既相互竞争，又相互依附，不可分割。这种天然共生性具有互补效应和整体效应，因此，在进行旅游资源开发的过程中，必须有所取舍，协调整合，这样“整体大于部分之和”的优化效果才能得以实现。

（2）市场机制是旅游资源整合的外动力。市场效应是衡量旅游资源开发成功与否的一个重要指标，旅游者在旅游的过程中对旅游景区（点）的组合串联有一个自然的选择过程。旅行社推出的旅游产品（线路）会接受市场的检验，旅行社不断地拆分、增减、重组各种旅游资源以满足市场的需要。同时，随着自助游、自驾游等新兴旅游形态的兴起，网络上出现了很多“驴友”提供的自助游 / 自驾游攻略、游记、贴士等内容丰富的旅游信息。这部分信息在一定程度上将旅游者对旅游资源的个性化选择与整合反映了出来，当相似的信息不断地累积到一定数量时，则转变成市场的需求动向。旅游资源开发管理者会研究这些瞬息万变的市场信息，然后做出调整，或者重组旅游资源，或者在原有资源基础上开发新资源融入其中。应该说，是市场需求引发了旅游资源开发主体的整合行为，这对旅游资源整合的路径和方向产生了一定的影响。

（3）政府规制是整合的主导力。从理论上讲，市场调节是资源配置的最佳手段。但是市场所产生的作用是有限的，即使是在发达的市场经济国家，市场失灵的情况也仍然会存在。更何况社会主义市场经济体制在我国建立时间较短，尚不完善，存在着一定的不足，因此，单纯靠市场来进行旅游资源的配置是行不通的，旅游资源整合还应加强政府的主导行为。可以说，实行政府主导，不仅是理性的，而且是必要的。

政府首先要对区域旅游资源整合重要性有所了解和认识，并且合理界定发挥主导作用的范围和方式。换句话说，就是要求政府在突出企业主导的基础上，建立政府主导和企业主导的协调平衡机制。

4. 乡村旅游资源整合的模式

乡村旅游资源整合的模式主要有以下两个方面：

（1）旅游资源整合主体的组织模式。实际上，旅游资源的整合就是旅游产业主体的经济活动在区域空间上的表现，是利益相关者基于自身利益达成共识后共同参与的一种经济活动。由于旅游资源的区域性特征，以及其管理主体和经营主体的不同，因此整合过程中往往出现多个利益主体的多回合博弈。这就要求乡村旅游资源的整合必须有一个健全、合理、高效的组织机构作为保证，这样整合才有可能达到预期的效果。目前，我国乡村旅游资源整合主体的组织模式主要有临时联盟、契约合作、企业集团等几种。

（2）旅游资源整合的空间模式。旅游资源整合的结果会在一定的外在空间形态上得到体现。在旅游资源开发的初始阶段，由于各个区域在资源要素分布、交通设施条件、区域政策、发展阶段等方面存在着一定的差异，往往呈现出离散的特点。这种离散状态并不是最优的资源整合，所以在旅游资源空间共生性、市场机制、政府规制等驱动力下必然要进行旅游资源的整合优化。

认识不同阶段与不同条件下的旅游资源空间形态，对采取针对性措施，优化资源整合是非常有帮助的。一般来说，旅游资源整合的空间模式有很多种，其中较为主要的有点轴状空间模式、圈层结构空间模式、梯度网络空间模式这几种。

第三节　乡村旅游地形象的设计与评估

乡村旅游地形象是一个含义极为广泛的概念，是对乡村旅游地综合的、抽象的认识，是吸引游客的关键因素之一。

一、乡村旅游地形象的设计

（一）形象设计

乡村旅游地形象设计是塑造旅游地形象的关键层面，形象塑造是基于乡村旅游地形象调查与定位而设计的，是形象得以传播的基础和前提。进行乡村旅游地形象设计，要遵循以下设计原则：

一是客观性原则。乡村旅游地形象设计是在定位的基础上进行的，是围绕特定目的地，立足于乡村旅游资源，对该地乡村旅游产品进行构思、规划与包装，建立乡村旅游地形象识别系统的过程。这个过程要注意实际调查，实事求是。

二是突出特色原则。乡村旅游地形象设计应该凸显地方特色，在充分分析乡村地方性、乡村旅游资源和乡村文化特色的基础上，抓住该乡村的优势，设计出独具特色的旅游地形象。特色产生差异，差异产生吸引力。要进行差异化创意，不能照抄照搬。

三是以人为本原则。乡村旅游地形象设计基于尊重自然的前提，以人的舒适性为出发点，让旅游者真正地感受到旅游地的悠闲惬意，产生对旅游地的良好印象。因此，设计乡村旅游地形象，应注重保护和发掘当地的人文景观和风土人情，将人的活动融入设计中，营造舒适、充满人情味的乡村旅游地形象。

四是战略性原则。形象塑造需要考虑特定的时代、特定的社会与地域背景，要体现时代特征。但旅游地形象又具有一定的稳定性，因此形象设计不能一味地追求时代感，还需要将战略考虑进去。

（二）形象传播

形象传播就是通过传播媒介把旅游目的地的良好形象传播给广大旅游者，使旅游目的地在旅游者心中树立良好形象，对旅游者决策行为产生诱导，使之选择该旅游目的地、实施旅游行为的过程。

旅游形象传播是旅游形象设计的重点。乡村旅游地因为地理位置等原因，一般都具有相对封闭和远离客源地等特点，甚至多数乡村不被人所知，所以形象传播更加重要。应综合运用各种媒介将乡村旅游地的形象传递给潜在消费者，提高目的地的知名度和游客对旅游地的美誉度、认可度、信任度，树立其区别于其他乡村地区的独特风格和形象，影响潜在旅游者的心理和决策行为，使潜在旅游者对旅游地及其旅游产品产生浓厚的兴趣，并实施旅游行为。知名度的提高和市场规模的扩大，也可以增强当地居民发展乡村旅游的信心，进而促进乡村旅游健康持续发展。

1. 乡村旅游形象传播的模式

1948 年，美国著名传播学奠基人之一哈罗德·拉斯韦尔在《传播在社会中的结构与功能》一文中提出了“拉斯韦尔模式”，又称为“5W 模式”①。“5W 模式”在形象传播研究中被广泛引用。

以“5W 模式”为指导，对乡村旅游传播模式主要分析如下：

---

①这五个 W 分别是英语中五个疑问代词的第一个字母，即：Who（谁）、SaysWhat（说了什么）、InWhichChannel（通过什么渠道）、ToWhom（向谁说）、WithWhatEffect（有什么效果）。

（1）“谁”。“谁”指的是传播者，在本书中指乡村旅游地的信息发布者和现实旅游者。因为旅游形象的传播既是一种双向信息交流与信息共享的过程，也是一个受众者自我感知的过程，所以信息传播者包括旅游地信息发布者和旅游者。

（2）“说什么”。“说什么”指传播内容，即形象信息。旅游地形象信息内容庞杂，因为我国一些乡村目前还较落后，有些乡村还固守着传统的生产、生活方式，旅游地形象在引起旅游者好奇心的同时，也难免承载着负面信息。所以，形象传播要明确传播内容，要对现有的形象信息进行提炼、筛选，避免负面信息的传播。

（3）“通过什么渠道”。“通过什么渠道”指传播媒介，是连接传播者和接收者的桥梁和工具。传播媒介有两层含义：一是指传递信息的工具和手段，如电话、网络、报纸、广播、电视等与传播技术有关的媒体；二是指从事信息采集、选择、加工、制作和传输的组织机构，如报社、电台和电视台等。

（4）“向谁说”。“向谁说”指接收者或受众，即信息传播活动中接收信息的一方，也就是传播的对象。在乡村旅游地形象传播过程中，一般指潜在的乡村旅游者。

（5）“有什么效果”。“有什么效果”即传播效果，指乡村旅游形象传播活动中信息传达给旅游接收者后产生的反应以及与传播者预期反应之间的差距。

2. 乡村旅游地形象传播的一般策略

所谓形象传播的一般策略，即有明确受众的广告传播以及那些没有明确受众的大众广告传播。前者可以细分市场，对相应的目标群体加以确定，从不同的目标群体出发，对信息加以传播。后者指的是没有明确的受众，只能通过大众传播媒介加以传播。乡村旅游地形象在实际传播中不能把二者截然分开，而是要综合利用各种策略，以获得最佳传播效果。

乡村旅游地形象传播的一般策略如下：

广告传播：通过报纸、直邮、电视、户外广告、电话、画册等进行广告传播。

公关传播：城乡之间交流、政府之间交流、大型的演出、旅游文化节的举办、各种会议、形象大使传播、工作人员与公众面对面交流等。

网络传播：旅游官网、全国大型综合旅游网站、综合性门户网站、地方性区域网站、旅游频道等。

其他传播：歌曲、民间体育大赛、影视拍摄、旅游形象大使评选、农产品的包装设计、发布新闻等。

（三）形象管理

形象维护与管理是乡村旅游地形象延续和提升的保障，贯穿于形象塑造系统的整体。乡村旅游目的地的形象是由多种因素构成的，其形象的塑造需要不断完善、维护和管理。

1. 乡村旅游地形象的调查分析

形象的调查分析是形象维护与管理的前提和基础。调查的内容包括旅游地的知名度、美誉度和认可度，旅游地形象构成要素和旅游者形成旅游地形象的信息来源等。

2. 乡村旅游地形象的维护与管理

形象维护和管理要以形象调查分析为前提，目的是不断提升旅游地形象，延长旅游地形象周期。但各种乡村旅游地的形象状态不同，维护和管理要根据调查分析结果有针对性地进行。

（1）众人皆知的好印象的乡村旅游地。对于众人皆知的乡村旅游地，要注重形象的维护与管理，运用各种宣传媒介来推广维系已有的旅游形象。要持续不断地向公众传递形象信息，使旅游地形象在公众的记忆中扎根，使旅游地形象得到巩固和提升。

（2）形象好但不出名的乡村旅游地。对于形象好，但不出名的乡村旅游地，要利用各种渠道，加大宣传力度，不断加强旅游地形象对潜在游客的刺激，使旅游地形象在公众记忆阶梯中占据优势地位。

（3）形象不好也不出名的乡村旅游地。对于形象不好也不出名的乡村旅游地，要分析产生这些情况的原因，是因为形象一直不好，还是由于过时。如果是前者，那么就需要对形象进行重新塑造，然后再对其进行推广；如果是后者，就需要对形象加以更新，这样才能让游客感受到新鲜，才能让游客愿意前往。

（4）尽人皆知的印象差的乡村旅游地。对于有众人皆知的差印象的乡村旅游地，要对其形象进行诊断，根据游客感受和观念的变化调整形象策略，及时推出适合当前市场的创意形象，通过传播进入潜在游客的决策范围，并以此消除负面影响。但这需要一个较为艰难的过程。

总之，要通过以上过程完整地塑造乡村旅游地的形象，为乡村旅游的持续健康发展提供助力。

二、乡村旅游地形象的评估

乡村旅游地形象的评估，作为推动乡村旅游可持续发展的重要环节，其科学性与系统性直接关系到乡村旅游资源的优化配置、市场竞争力的提升以及游客满意度的提高。因此，构建一个严密、科学的评估程序，确保评估工作的有序进行，是提升乡村旅游地形象评估客观性与权威性的关键所在。以下将从设立评估机构、建立评估指标体系、收集与整理具体资料和展开具体评价与反馈四个主要程序进行深入探讨。

（一）设立评估机构

评估机构的设立是乡村旅游地形象评估工作的基石，它不仅要求评估成员具备专业的评估能力和丰富的实践经验，还需保持高度的独立性与公正性，以确保评估结果的客观真实。评估机构的组建应遵循以下原则：

专业性原则：机构成员应涵盖旅游学、社会学、地理学、生态学、经济学等多学科专家，确保评估视角的全面性和评估结论的专业性。

独立性原则：评估机构应独立于被评估对象，避免利益关联导致的评估偏见，保证评估过程的公正透明。

协调性原则：机构内部需建立有效的沟通机制，确保各部门间信息共享、协同作业，提高评估效率。

具体操作层面，可通过政府引导、高校及研究机构参与、行业协会支持的方式，共同组建跨学科、跨领域的乡村旅游地形象评估专家委员会。该委员会负责制定评估标准、监督评估过程、审核评估报告，确保评估工作的科学性和权威性。

（二）建立评估指标体系

评估指标体系是乡村旅游地形象评估的核心，它直接决定了评估内容的全面性和评估结果的准确性。构建评估指标体系时，应遵循以下步骤和原则：

明确评估目标：基于乡村旅游发展的总体目标，明确评估旨在提升乡村旅游品牌形象、促进旅游发展以及提高游客满意度等。

确定评估维度：综合考虑乡村旅游资源、环境质量、文化底蕴、服务设施、社区参与、经济效益等多个方面，构建多维度评估框架。

选取具体指标：在每个维度下，选取具有代表性、可量化、易操作的指标，如自然景观独特性、民俗活动丰富度、住宿设施舒适度、游客满意度指数等。

权重分配：根据各指标对乡村旅游地形象影响的重要程度，采用德尔菲法、层次分析法等方法合理分配权重，确保评估结果的合理性。

最终形成的评估指标体系应是一个层次分明、逻辑清晰、操作性强的结构，既能全面反映乡村旅游地形象的现状，又能指导未来的改进方向。

（三）收集与整理具体资料

资料收集与整理是评估工作的基础，其质量直接影响到评估结果的可靠性。资料收集应遵循以下策略：

多渠道收集：结合问卷调查、深度访谈、现场观察、网络数据分析等多种方法，广泛收集游客、居民、旅游从业者及管理部门等多方面的意见和建议。

注重时效性：确保收集的数据为最新资料，反映乡村旅游地形象的当前状态，避免使用过时信息导致评估偏差。

数据质量控制：对收集到的数据进行严格筛选，剔除无效数据，保证数据的准确性和完整性。

整理资料时，需按照评估指标体系进行分类归档，建立数据库，便于后续的数据分析和评估使用。同时，应注重数据的可视化呈现，如通过图表、报告等形式，直观展示乡村旅游地形象的各方面特征。

（四）展开具体评价与反馈

评价与反馈是乡村旅游地形象评估的最终目的，旨在通过评估结果，发现存在的问题，提出改进建议，促进乡村旅游的持续健康发展。评价与反馈过程应包括以下几个环节：

数据分析：运用统计学方法、数据挖掘技术等手段，对收集到的数据进行深入分析，计算各项指标得分，综合评估乡村旅游地形象的优劣。

问题识别：基于数据分析结果，识别乡村旅游地形象建设中存在的主要问题，如资源利用不充分、服务质量不高、文化传承缺失等。

策略制定：针对识别出的问题，结合乡村旅游发展的实际情况，制定具体的改进策略，如加强资源整合、提升服务质量、挖掘文化内涵等。

反馈与实施：将评估结果及改进策略及时反馈给相关部门和利益相关者，

通过政策引导、资金支持、教育培训等措施，推动改进策略的有效实施。

持续监测：建立乡村旅游地形象评估的长效机制，定期对乡村旅游地形象进行复评，监测改进效果，及时调整优化策略，确保乡村旅游地形象的持续提升。

综上所述，这一过程不仅是对乡村旅游地现状的一次全面审视，更是推动乡村旅游地高质量发展的重要驱动力。持续、科学的评估与反馈，可以不断提升乡村旅游地形象的吸引力和竞争力，促进乡村旅游业的繁荣发展。

第四节　乡村旅游规划设计的实践案例

通过科学的规划设计和经营管理，将旅游产品的打造与生态农业发展相结合，将景区建设成一个以农业产业发展为基础、促进乡村民俗文化提升、以民俗风景体验为特色的多功能的高品质农业生态园区，从而培育出一个个具有生命力的生态旅游型观光农业精品。

一、涪陵乌江玉景园规划设计

涪陵位于长江之滨、乌江之畔，是闻名遐迩的巴国故都和榨菜之乡。其区位优势得天独厚。涪陵地处重庆中部、三峡库区腹地，是重庆版图的几何中心和“一圈”带“两翼”的重要节点，扼川渝东出之咽喉，占华中西进之要冲，距周边省份直线距离均不超过200千米，为渝川湘黔鄂五省市的黄金交叉点，具有承东启西、传递南北的区位优势。涪陵邑枕长、乌两江，自古以来一直是乌江流域最大的物资集散地，素有“渝东南门户”之称。

涪陵乌江玉景园是涪陵的一大标志景观，下面就来介绍涪陵乌江玉景园规划设计。

（一）设计背景

万里长江、千里乌江培育了“团结求实，文明诚信，艰苦创业，不甘人后”的涪陵精神，两千多年的历史孕育了“巴文化”“易文化”“水文化”“榨菜文化”等灿烂文化，一代又一代的涪陵人为家乡发展倾注了心血，当代涪陵人更加关注、关心涪陵这片热土，坚持改革、开放、创新，着力推进工业化、城镇化和城乡统筹一体化，加快建设现代化宜居大城市。

（二）基本规划

玉景园作为都市农业样板，不应是“一道菜”，而应是精心准备的“一桌菜”，各取所需，吸引八方。因此，在定位上，设计了极具特色的构建式样，具体分析如下：

第一道菜：丛林火锅 + 火锅长廊 + 火锅花园 + 火锅阁楼。重庆以火锅著名，因此火锅也是重庆涪陵的一大特色。玉景园专门设置了丛林、长廊、花园与阁楼式的火锅餐厅，供游客边吃边赏景。

第二道菜：生态餐厅 + 玫瑰园 + 薰衣草园。其中，生态餐厅是极具景观特色的生态建筑，实现了建筑与环境、人与自然的完美融合，利用现代化的新材料、新工艺，采用高科技的温室技术，配套成熟的环境调控技术，营造出原生态的园林景观环境。

采用造园技术将山、水、树木、花草与餐厅的功能分区有机结合，人在其中，宛如来到了南国水乡、傣族村寨、草原的蒙古包、东北的农家小院等。室内采用智能的环境调控技术，创造恒温、恒湿的园林景观环境；充足的阳光，清新的空气，绿色有机食品，环境与艺术、技术与自然完美融合，带给都市人一个高品质的享受空间。

当然，除了生态餐厅，玫瑰园与薰衣草园也不逊色，它们共同使玉景园周边成为一片花海。

第三道菜：特色酒店＋品质会所。一个优质的景观园区免不了特色酒店与品质会所。玉景园的设计遵循高品质的宗旨，因此会所的设置也都追求高格调，配有游泳池、温泉等。

二、永川石笋山生态农业园区规划设计

石笋山生态农业园区项目位于江津朱杨镇、石门镇与永川何埂镇、临江镇交界。该地交通便捷，距重庆主城约 70 千米，与江津城区相距 34 千米，与永川城区相距 29 千米。该生态农业园区外围有 G93、G85 及 S109 西三环通过，高速交通便利。该园区东起石埂子，西至田坝子，南连大石岩，北抵云雾坪，总用地约 475 公顷（4.75 平方千米）。

该地主要有如下一些基本情况。地貌：区域呈山地特征，山势较为平缓，上下为平地及缓坡（适合种植），中间林地贯穿，天然形成相对独立的区域。海拔：平均海拔约 600 米，山顶处近 710 米。植被：森林覆盖率达 80% 以上。气候：年均温 15℃，年降雨量约 1200 毫米。日照：永川年日照 1298.5 小时。空气：石笋山空气含负氧离子可媲美缙云山，被誉为天然氧吧，是休闲度假、娱乐、运动的胜地。

（一）基本构思

1. 总体构思

以生态农业产业为基础，以云雾古寨文脉为核心，以爱情文化为线索，以具有特色的雄奇险峻、重峦叠嶂、峰青岭翠、古朴苍劲的山地景观为背景，打造集禅茶文化休闲养生、古寨文化休闲度假、户外特色生存体验、爱情文化产业消费、农旅结合商贸休闲等多功能于一体的现代特色效益农业园区及绿色生

态文化休闲旅游胜地。

2.资源保护

景观林植被保护：加强对景观林植被的病虫害防治，使植物生长优良，提高景观林质量。

大气环境保护：严禁在无遮盖的空地随意焚烧物品，包括植物的垃圾，特别是会产生有害气体的化学物质；尽量减少农药喷洒量，在选择农药品种时，对其在效果和空气危害两方面进行评估，尽量考虑生物灭害方法；建筑施工过程中，严格控制粉尘的飘洒；严格控制进入园区的机动车数量，严密注视园区周边环境状况，若有严重危害大气情况发生，尽快解决。

水环境保护：地面水主要是堰塘，禁止生活污水未经处理直接排入堰塘中；设专人对漂浮垃圾进行打捞；堰塘应有活水引入，避免形成死水、臭水；定期对水质进行监测，避免水体污染和富营养化；严格控制地下水开采，严禁使用渗井，避免对地下水造成污染。

森林防火：做好森林防火宣传工作，保证消防通道的畅通，消防设施、器材和消防安全标识在位，保证消防蓄水池的水量充足，消防设施按照景区消防规范进行设置。

（二）基本规划

1.空间结构

永川石笋山生态农业园区的基本空间结构是“一轴、两坪、八园”。

所谓“一轴”，即以情山大道为主轴线贯穿景区。

所谓“两坪”，即云雾坪（以古寨文脉为主导，以休闲度假为主题）与簸箕坪（以爱情文化为主导，以生态农业观光为主题）。

所谓“八园”，即石笋山古寨文化体验公园、石笋山运动主题公园、石笋山生态疗养公园、石笋山仙踪森林公园、石笋山生态农业示范公园、石笋山爱情主题公园、石笋山户外休闲公园、石笋山幸福家园。

2. 设计分析

（1）园区客源市场消费目标分析

客源市场针对客户群体消费目的的不同，将对象划分为户外体验、养生养心和亲子优育三项。

户外体验：全民赛事、户外拓展、郊野露营、爱情小镇、婚庆摄影、大型户外活动。

养生养心：SPA 养生、宗教朝觐、生态疗养、临湖垂钓、戏说梨园、茶翁古镇、绿色采摘、生态餐厅。

亲子优育：亲子乐园、国学特训、科普教育、劳作体验。

（2）园区核心文化分布

园区的核心文化主要包含古寨文化、传统文化、宗教文化、爱情长廊、爱情公园、爱情小镇、禅茶文化、弥缘养生文化。

三、永川八角寺十里荷香生态农业园设计

重庆市农业生态旅游、乡村旅游潜力巨大。究其原因，其一是城市居民物质生活水平有很大提高，开始向往在闲暇时能远离都市喧嚣，体验生态乡村生活；其二是交通条件的改善，极大地方便了人们的出行，使短期旅游成为可能；其三是重庆周边区县乡村旅游资源丰富，品种繁多，有民风民俗、赏花尝果、农耕体验等不同的旅游产品，各具特色，满足了人们差异化的需求。

永川区作为渝西地区的区域中心，同时是渝西旅游环线上重要的节点，其一年一度的茶竹文化节、黄瓜山梨花节已经成为城市的名片。更值得一提的是，近年来永川区农委正在大力发展现代农业，积极探索农业产业升级，利用现代农业园区带动农业观光旅游的发展，已取得初步成效。永川区八角寺十里

荷香现代农业园区就是结合荷塘藕池、佛音禅香打造的集生态农业种植、观光休闲、文化体验于一体的城郊观光型农业生态景区。

永川八角寺十里荷香农业生态景区位于永川区黄瓜山背后西三环与永峰路之间，紧邻黄瓜山农业观光旅游区及永川野生动物园，与茶山竹海、卫星湖旅游区遥相呼应。

（一）基本条件

交通条件分析：永川区交通四通八达，有成渝铁路、成渝高速公路、西三环高速公路贯穿永川区全境，城际铁路也在永川设站，方便各地游客的进出。规划区修建了一条至永峰路的道路，距永川区仅 10 分钟车程；重庆西三环永川段下道口紧靠规划区，交通十分便利。

自然条件分析：规划区属四川盆地中亚热带湿润气候区。气候温和，四季分明，雨量充沛，无霜期长，季风气候显著，全年日照少，湿度大，年平均气温 17.8℃。空气质量常年处于优良状态，是重庆市适于人们活动的地区。

场地分析：场地东西高，中间低，中部地势平坦开阔，呈浅丘地貌。现在的用地类型主要是林地、农业用地及少量居民住宅用地，地质条件较好，未发现不良地质情况。

（二）基本规划

1. 总体构思

永川旅游发展形成“一城、两山、四大特色旅游区”的总体空间结构。永川八角寺十里荷香农业生态景区位于“两山”中，即集农家文化体验、绿色乡村生态、科技农业观光、湖滨旅游休闲、野生动物观赏、中华永川龙主题公园于一体的国际乡村俱乐部的黄瓜山区域。

景区位于永川区黄瓜山背后，西三环与永峰路交错之间，紧邻黄瓜山农业观光旅游区及永川野生动物园，与茶山竹海、卫星湖旅游区遥相呼应。该景区以荷莲文化为核心，以佛禅文化、乡村民俗文化为载体，以具有特色的湿地、山林、农田景观为背景，是集荷莲文化休闲度假、佛禅文化休闲养生、乡村民俗风情体验、农业产业观光、现代化农业科普示范教育、农旅结合商贸休闲等多功能于一体的4A级绿色生态文化休闲旅游胜地。具体可以概括为如下几点特色：

荷：景观轴——荷茎、两面——荷叶状、湖——荷心、道路——莲藕节，形成“一轴两面三三组团”的“荷”理分区。

佛：禅韵、禅境、禅意、禅茶。

水：麻柳河、水库（景区之魂）。

彩：多彩农业立体景观，包括林、蔬、花、果、草等多彩农业，景观呈现立体视觉形象。

园：集乡土文化、地域文化、历史文化、宗教文化、民俗民风文化为一体的景园。

2. 设计分析

（1）科技农业示范区

科技农业示范区位于园区入口位置，是展示园区现代科技农业的窗口，设置配合生态绿地的景观广场，洼地造型，做到一眺千万里，步步生莲花。配合书法的石刻、篆刻等，有集会观光的功能，也有文化特点。生态大棚和四季新鲜的时令果蔬，集观看功能、食用功能、科普功能、经济效益于一体。庭院式设计与小桥流水结合在一起，既古韵悠长，同时又彰显出细节之美。

（2）湖心岛区

湖心岛区建筑总占地面积6335平方米，负责园区的高端接待。会所有三栋，濒临湖滨路，共4500 ~ 6000平方米，适合企业长期租赁或进行重要的接待，也是园区的中央枢纽所在，具备较高的经济产出能力。

湖滨路是景区最大的赏荷地，能够给游客观荷、赏荷、品荷留下深刻记忆，从而达到吸引游客的目的。利用硕果累累的瓜果长廊，打造滨湖区的饮食商业街。游客看荷花红，闻荷花香，食荷花宴，形成生产—加工—销售的完整产业链。

（4）开心农庄区

居住在依山而建的雅居之内，面前有一望无际的生态农场，在休闲之余也可以继续劳动耕作，既锻炼了身体，又增加了乐趣，天天可吃到新鲜蔬菜，时时可呼吸新鲜空气，体验劳动带来的快乐。

开心农庄区建筑总占地面积45914平方米，其中开心农庄占地14215平方米，农业培训基地占地31699平方米。开心农场种有四季瓜果，游客时时可以参与农忙采摘。另有藕田1000余亩，可供游客采摘及观赏。

（5）健康步道及八角寺

游客可以心中怀揣信仰，走在葱葱郁郁的山间健康步道上，直接与天然氧吧对话。山顶的八角寺是传统文化的代表，为景区游客提供了一个精神寄托的圣地。寺庙前方陡壁之上，滔滔不绝的瀑布有一泻千里之势，成为景区的标志性景点，吸引游客争相到来、合影留念。

（6）颐静湖养老区

精致的房屋依山而建，面水而居，后有青山翠柏，面眺水韵霞光，水中红莲朵朵，天空一片蔚蓝。灵动的小路蜿蜒而上，轻巧的小溪潺潺流下。优美的风景可以让疗养人有心旷神怡之感。

四、江安橙花岛概念规划设计

橙花岛位于宜宾市江安县桐梓镇，处于宜宾、泸州、自贡三市之交，交通便捷，距江安县城约12千米，与宜宾市城区相距约60千米，与泸州市城区相距约 45 千米。

橙花岛位于桐梓镇双江村，地处长江航道之上，四面环水，且项目地外围有 G93 和 S308 通过，交通便利。

橙花岛规划范围约 2.15 平方千米，项目内部相对平坦，视野开阔。橙花岛生在长江之中，风景优美，岛上橙林成片，每逢春夏之交，万亩橙园花果飘香，蔚为壮观。

（一）基本构思

以自然生态资源为基底、区域交通为优势，打造休闲度假养生、生态农业观光、极限运动体验为特色的集产业、文化旅游于一体的生态旅游岛。

（二）基本规划

1. 空间结构

橙花岛的空间结构为“一轴两带，打造一心六组团[①]”。

所谓“一轴”，即以养老度假中心、风情商业街、欢乐谷和湿地公园连接的主要景观为轴线。

所谓“两带”，即景区两条次要生态景观带。

所谓“一心六组团”，即景区以接待中心为中心功能区，以养老度假中心、风情商业街、欢乐谷、湿地公园、生态农业园和安置还建区为六组团。

2. 设计分析

（1）接待中心。接待中心主要以接待服务为主，让游客有较好的亲近自然的度假居住体验。

（2）养老度假中心。该项目建设的目的在于开阔视野、通达心胸，让身

① “六组团”就是围绕“接待中心”，将六个不同的区域优化配置和组合，形成一个整体进行发展和经营的方式。

心得到静养，修心修身，遵循天地四时之规律，调配合宜食疗，滋养调理周身，治未病而延年。

（3）风情商业街。风情商业街主要以休闲、娱乐为主题，打造休闲体验、娱乐观光的商业街区。

（4）欢乐谷。欢乐谷主要以场地活动为主，是运动体验区。

（5）湿地公园。湿地公园主要以湿地、花卉植物园为主，让游客亲近自然，呼吸大自然的空气，感受大自然的魅力。

（6）生态农业园。生态农业园主要有丰富多彩的农业科技奇观、区域标志性项目等。

（7）安置还建区。该区域主要为因项目开发而需搬迁的村民提供安全、舒适、便捷的居住环境，确保他们在享受现代化设施的同时，也能保留对故土的情感联结。

五、宜宾七彩风情小镇景观规划设计

七彩风情小镇位于宜宾至蜀南竹海旅游公路旁，是宜宾市翠屏区重点打造的农业科技旅游示范项目。七彩风情小镇总占地面积3500亩，其中第一期规划面积为188亩。规划区域第一部分含主入口、广场、竹园、主体建筑及停车场等，规划区域第二部分主要为福胜河两岸及婚庆公园。两个区域互为对景，互为补充，构成整个小镇的核心功能区，彰显风情主题特色。

该风情小镇是一个集彩林观光、科普教育、休闲体验、养生度假、苗木交易、产业示范于一体的现代特色农业小镇。

（一）设计原则

七彩风情小镇充分体现人与自然的关系，以山脊为背景，以生态绿化为底色，打造成一个主题明确、产业独特、可持续发展的全国一流的农业综合体典范。

在对现状进行充分研究的基础上，可以为七彩风情小镇设计多个方案并进行优化，使其各景点内部功能布置完善，景点与景点之间互相衔接，做到人流与车流合理分流，动态交通与静态交通相互有序。

七彩风情小镇充分尊重规划区的一山一水、一草一木，尽量保护原有地形地貌。道路及建筑布局依山就势，园林景观依地形起伏，层次分明，建筑材料尽量就地取材，充分利用具有地方特色的竹、石等建材。

（二）基本规划

大门、广场、停车场：由于广场紧邻宜长路，为了安全并便于管理，景区设计了一个半围合的大门，以竹、石为主要建筑材料，充分体现地方特色；建筑正立面设计了一个开阔的广场，以篆书的“宜”字作为设计元素，以不同材质的色彩来进行功能划分；主次入口分别布置了两个停车场，停车场地面铺砌植草砖，种植草坪，以灌木进行分割，以乔木进行围合。整个景点构造紧凑，功能合理，环保节能。

竹园：竹园设置在建筑背立面，以宜宾本土竹类为装饰材料，其中较为珍贵的品种有黄金竹、紫竹、佛面竹、罗汉竹、龙鳞竹等。小径通幽、木门古朴、水体假山点缀园内，休闲座椅以红飘带的形式穿插其中，整个竹园具有观赏性、休闲娱乐性，保护了地方文化，展示了地方特色。

河岸景观及婚庆公园：考虑到两个地块相邻，设计时将两个地块整合成一个整体进行设计，充分发挥两个地块的各自优势，达到互相联动，利用现有的沟渠及桥梁布景，亭榭、水体、草坪、建筑交相辉映。由于该区域既是整个小镇的地理中心，又是整个小镇的文化中心，因此无论是河岸景观还是婚庆公园的设计，都呈现出独特的风格和超前的意识。

第五章　乡村旅游数字化发展的实践研究

第一节　数字化视域下乡村旅游的转型发展

一、数字化视域下乡村旅游转型发展的基础

（一）乡村旅游市场持续繁荣，发展潜力大

近年来，乡村旅游作为旅游业的重要组成部分，展现出蓬勃的发展态势与巨大的市场潜力。这一趋势得益于多方面因素的共同作用，其中包括城市居民对自然与乡村文化的向往、生活水平的提高以及休闲旅游观念的转变。随着经济的快速发展和人民生活水平的显著提升，城市居民对旅游的需求不再仅仅局限于传统的观光游览，而是更加注重旅游体验的深度与广度，寻求心灵的慰藉与文化的沉浸。乡村旅游，以其独特的自然风光、淳朴的民风民俗、丰富的农耕文化以及慢节奏的生活方式，恰好满足了这一市场需求，成为现代旅游业中的一股清流。

乡村旅游市场的繁荣还得益于国家对乡村旅游的大力扶持与宣传推广。各级政府通过举办乡村旅游节、农产品展销会等活动，不仅提升了乡村旅游的知名度，还促进了乡村经济的多元化发展。同时，乡村旅游的兴起也带动了相关产业的发展，如餐饮、住宿、手工艺品制作等，形成了较为完整的产业链，进

一步激发了市场活力，为乡村旅游的持续繁荣奠定了坚实基础。

（二）乡村旅游资源丰富，质量不断提升

乡村旅游资源是乡村旅游发展的核心要素，其丰富性与质量直接决定了乡村旅游的吸引力与竞争力。我国地域辽阔，自然风光多样，民族文化丰富，为乡村旅游提供了得天独厚的资源条件。从北国的雪域高原到南疆的热带雨林，从东部的江南水乡到西部的壮美山川，每一处乡村都蕴含着独特的自然景观与人文风情，为游客提供了多样化的旅游体验。

在资源质量方面，随着乡村振兴战略的深入实施，乡村地区的基础设施不断完善，环境卫生得到显著提高，乡村旅游资源的开发与保护并重，实现了资源的可持续利用。许多乡村通过挖掘自身特色，如传统建筑、民俗活动、农耕文化等，打造了一批具有地方特色的乡村旅游产品，提升了乡村旅游的品质与内涵。同时，乡村旅游的从业者也逐渐意识到生态保护的重要性，积极采取绿色旅游的发展模式，确保乡村旅游资源的长期可持续发展。

（三）农村互联网普及率逐年提升，网络覆盖率高

互联网的普及与网络覆盖率的提升，为乡村旅游的数字化转型提供了必要的技术支撑。近年来，随着“宽带中国”战略和“互联网 +”行动计划的深入实施，农村地区的信息基础设施建设取得了显著成效。光纤宽带、4G/5G 网络等现代通信技术在乡村地区的广泛应用，极大地缩小了城乡之间的数字鸿沟，为乡村旅游的数字化发展奠定了坚实的基础。

网络覆盖率的提高，使得乡村旅游能够充分利用互联网平台的优势，进行宣传推广、在线预订、智能导览等服务，提升了乡村旅游的便捷性与智能化水平。游客可以通过手机 App、微信公众号等渠道，轻松获取乡村旅游的信息，提前规划行程，享受更具个性化的旅游体验。同时，互联网还为乡村旅游产品的创新提供了可能，如虚拟现实（VR）技术的应用，让游客即使身处家中也能体验到乡村的美丽风光与文化魅力，拓宽了乡村旅游的市场边界。

（四）乡村旅游数字化顶层设计不断强化，政策体系逐步完善

在数字化视域下，乡村旅游的转型发展离不开顶层设计的引领与政策体系的支持。国家层面高度重视乡村旅游的数字化发展，出台了一系列相关政策与规划，为乡村旅游的数字化转型提供了明确的方向与路径。例如，《关于加快推进乡村旅游发展的指导意见》《乡村旅游发展行动计划》等文件，均强调了数字化技术在乡村旅游中的应用与推广，鼓励利用大数据、云计算、人工智能等现代信息技术，提升乡村旅游的服务质量与管理水平。

在政策体系的逐步完善下，各地政府也积极响应，结合本地实际，制定了具体的实施方案。一些地区通过建立乡村旅游数字化服务平台，整合乡村旅游资源，实现信息共享与协同管理；有的则通过举办乡村旅游数字化培训班，提升乡村旅游从业者的数字化技能与服务意识。这些举措有效促进了乡村旅游的数字化进程，提高了乡村旅游的竞争力与可持续发展能力。

二、数字化视域下乡村旅游转型发展面临的痛点

（一）认知水平有待提升

在数字化浪潮席卷各行各业的今天，乡村旅游作为传统与现代交织的领域，其转型发展尤为需要高水平的认知引领。然而，当前多数乡村旅游景区及相关企业运营者对“数字化＋乡村旅游”的认知尚处于初级阶段，表现出较为片面的特征，这主要体现在以下两个方面：

1. 对“数字化＋乡村旅游”理论研究不深入

数字化不仅仅是一种技术手段，更是一种思维方式和管理模式的革新。然而，当前许多乡村旅游从业者对数字化的理解仅限于技术应用层面，如简单的在线预订、电子门票等，而忽视了数字化在提升游客体验、优化管理流程、创

新营销策略等方面的深远影响。缺乏对数字化转型深层次理论的研究，导致实践中的探索往往缺乏系统性和前瞻性，难以形成可持续发展的动力。

2.重技术轻体验

在追求数字化的过程中，部分乡村旅游项目过于强调技术的先进性，而忽视了游客的实际体验需求。例如，盲目引入高科技互动装置，却忽略了与乡村自然环境和文化氛围的和谐融合，导致游客体验不佳，甚至产生疏离感。这种技术至上的倾向，忽视了乡村旅游的本质——提供亲近自然、体验乡土文化的机会，这会削弱了乡村旅游的独特魅力。

（二）乡村旅游资源数据库有待完善

乡村旅游资源是乡村旅游发展的基石，而资源的数字化管理则是实现高效利用和精准营销的关键。当前，乡村旅游资源数据库的建设面临两大挑战：

1.资源家底不清

由于历史遗留、地域广阔等因素，许多乡村地区的旅游资源尚未得到全面、系统的梳理和记录。这导致在推进数字化转型时，缺乏准确、翔实的基础数据支持，难以对资源进行科学分类、评估和规划，进而影响了乡村旅游产品的开发和市场推广。

2.乡村资源数据库不完善

即便部分乡村已经建立了资源数据库，但往往存在数据更新不及时、信息不准确、功能单一等问题。数据库缺乏动态管理机制，无法及时反映资源的变化和增减情况，也无法为游客提供个性化、定制化的服务。此外，数据库之间互联互通不足，难以实现资源共享和协同管理，限制了乡村旅游的整体发展。

（三）旅游基础设施与数字技术融合有待加强

基础设施是乡村旅游发展的物质基础，而数字技术的融入则是提升服务质量和效率的关键。当前，乡村旅游基础设施与数字技术的融合存在以下两个主要问题：

1.融合程度不深

尽管一些乡村旅游景区已经尝试将数字技术应用于基础设施建设中，如智能导览、在线支付等，但这些应用往往停留在表面，未能与景区的整体规划、运营流程深度结合。数字技术与传统基础设施之间的“鸿沟”依然存在，这影响了游客体验的连续性和便捷性。

2.融合质量不高

部分乡村旅游项目在推进数字化时，过于追求技术的堆砌，而忽视了技术的实用性和易用性。例如，一些智能设备的操作复杂，游客难以快速上手，或者系统稳定性不足，经常出现故障，影响了游客的满意度和信任度。此外，由于缺乏专业的技术支持和维护团队，数字技术在基础设施中的应用往往难以持续发挥效用，甚至成为游客投诉的焦点。

（四）旅游公共服务智能化有待深入

在乡村旅游数字化转型的过程中，旅游公共服务的智能化水平成为制约其发展的重要因素。当前，尽管部分乡村旅游地已经开始尝试利用数字技术提升公共服务质量，但整体上仍存在智能化程度不高、服务范围有限等问题。

一方面，智能化设施的建设和更新滞后于游客需求的变化。随着智能手机的普及和移动互联网技术的快速发展，游客对旅游信息获取、在线预订、智能导航等服务的需求日益增长。然而，一些乡村旅游地由于资金、技术等方面的限制，智能化设施的建设和完善进度缓慢，无法满足游客的多元化需求。

另一方面，智能化服务的内容和质量有待提升。目前，部分乡村旅游地的智能化服务主要集中在简单的信息查询和在线预订等方面，而缺乏针对游客个性化需求的深度定制服务。同时，由于技术水平和人才储备的限制，智能化服务的稳定性和可靠性也有待进一步提高。

（五）资金缺口有待填补

乡村旅游数字化转型需要大量的资金投入，包括智能化设施的建设、数字技术的研发和应用、人才引进和培训等方面。然而，当前乡村旅游地普遍面临资金缺口的问题，导致数字化转型进程受阻。

一方面，乡村旅游地大多位于偏远地区，经济基础相对薄弱，政府财政支持有限。同时，由于乡村旅游的季节性和波动性较大，投资回报不稳定，难以吸引社会资本的大规模投入。

另一方面，部分乡村旅游地在数字化转型过程中缺乏科学的规划和有效的资金管理机制，导致资金使用效率低下，甚至出现浪费现象。这进一步加剧了资金缺口的问题，影响了数字化转型的持续推进。

（六）人才短板有待补齐

人才是乡村旅游数字化转型的关键要素。然而，当前乡村旅游地普遍面临人才短缺的问题，尤其是具备数字化技能和创新能力的高素质人才。

一方面，由于乡村旅游地大多位于偏远地区，生活条件和工作环境相对较差，难以吸引和留住高素质人才。同时，部分乡村旅游地的教育水平和培训机制落后，无法为当地培养足够的数字化人才。

另一方面，部分乡村旅游地在人才引进和使用上存在误区。一些地方过于注重引进外部高端人才，而忽视了本地人才的培养和激励；或者过于注重技术人才的引进，而忽视了管理人才和市场营销人才的培养。这导致人才结构不合理，无法形成有效的团队协作和创新氛围，制约了乡村旅游数字化转型的发展。

三、数字化视域下乡村旅游转型发展路径

（一）注重市场“真需求”，深化乡村旅游数字化顶层设计

乡村旅游的数字化转型，首要任务在于准确把握市场需求，以此为导向，进行科学合理的顶层设计，确保转型过程的有序性和高效性。

1.提升战略思维

乡村旅游的数字化转型不仅仅是技术层面的革新，更是发展理念和战略思维的转变。决策者需具备前瞻性的视野，将数字化转型纳入乡村旅游发展的长期规划之中，明确数字化转型的目标、路径和预期成果。同时，应注重数字化转型与乡村振兴战略的深度融合，通过数字化手段促进乡村经济、社会、文化的全面发展。

在具体实施上，决策者应关注乡村旅游市场的细分需求，如亲子游、养老游、研学游等，结合乡村特色资源，打造差异化的旅游产品。此外，还应注重游客体验的提升，通过数字化手段优化旅游流程，提高服务质量和效率。

2.出台纲领性文件

为确保乡村旅游数字化转型的顺利推进，政府及相关部门应出台具有指导性和约束力的纲领性文件。这些文件应明确数字化转型的基本原则、主要任务、保障措施等，为各方参与者提供清晰的行动指南。

纲领性文件的制定应充分征求各方意见，确保政策的科学性和可行性。同时，应建立动态调整机制，根据市场变化和技术进步，适时对政策进行调整和完善。

3.强化要素保障

乡村旅游数字化转型需要资金、人才、技术等要素的支撑。政府应加大财政投入，设立专项基金，支持乡村旅游数字化转型的重点项目和关键环节。同

时，应鼓励社会资本参与，形成多元化的投资机制。

在人才保障方面，应加强与高校、科研机构的合作，培养具备数字化技能和乡村旅游知识的复合型人才。此外，还应建立人才引进和激励机制，吸引更多优秀人才投身乡村旅游数字化转型事业。

技术保障方面，应积极推动云计算、大数据、人工智能等先进技术在乡村旅游领域的应用，提高数字化转型的技术水平和创新能力。

（二）创建乡村资源数字平台，推动乡村文旅资源保护

乡村文旅资源是乡村旅游的核心吸引力，也是数字化转型的重要基础。为保护和利用好这些资源，应创建乡村资源数字平台，实现资源的数字化管理和智能化利用。

1.拓宽乡村文旅资源的收集渠道

乡村文旅资源的收集是数字化平台建设的基础。应通过多种渠道，如实地调研、网络征集、专家咨询等，广泛收集乡村的自然景观、历史文化、民俗风情等资源信息。同时，应注重资源的真实性和完整性，确保收集到的信息能够准确反映乡村文旅资源的特色和价值。

在收集过程中，应充分利用现代信息技术，如遥感技术、无人机航拍等，提高资源收集的效率和准确性。此外，还应建立资源更新机制，确保数字平台上的资源信息能够及时反映乡村文旅资源的最新变化。

2.对乡村文旅资源进行智能化的分类梳理

收集到的乡村文旅资源需要进行科学合理的分类梳理，以便游客能够方便快捷地找到自己感兴趣的资源。在分类梳理过程中，应充分考虑资源的属性、特色和价值，建立科学合理的分类体系。

同时，应利用人工智能等技术对资源进行分类标签化，提高资源检索的准确性和效率。此外，还可以根据游客的偏好和需求，推荐相关的旅游资源，提升游客的满意度和体验感。

3. 建立乡村文旅数字平台

在资源收集和分类梳理的基础上，应建立乡村文旅数字平台，实现资源的数字化展示和智能化利用。数字平台应具备资源查询、在线预订、虚拟体验等功能，为游客提供全方位的服务。

在平台建设过程中，应注重用户体验和界面设计，确保平台易于操作和使用。同时，还应加强平台的安全性和稳定性，保障游客的信息安全和交易安全。此外，还可以利用平台收集游客的反馈和建议，不断优化和改进服务质量及产品体验。

（三）完善数字旅游“新基建”，夯实乡村旅游发展基础

数字旅游“新基建”是乡村旅游数字化转型的重要支撑，包括信息基础设施、交通基础设施、夜景照明基础设施和公共卫生基础设施等方面。为完善这些基础设施，应采取以下措施：

1. 夯实乡村旅游发展的信息和应用基础

信息基础设施是数字旅游“新基建”的核心。应加快乡村地区的信息网络建设，提高网络覆盖率和传输速度。同时，应推动乡村旅游信息化应用的发展，如在线预订、电子门票、智能导览等，提高旅游服务的便捷性和效率。

在应用开发过程中，应注重游客的需求和体验，打造用户友好的界面和操作流程。此外，还应加强信息安全和隐私保护，确保游客的信息安全和权益。

2. 提升乡村旅游交通智能化

交通基础设施是乡村旅游的重要组成部分。应利用数字技术提升乡村旅游交通的智能化水平，如智能导航、实时路况查询、在线预订交通工具等。这些措施可以提高交通服务的便捷性和效率，减少游客的等待时间和交通成本。

同时，还应加强乡村旅游交通的安全管理，利用数字技术监测和预警交通安全隐患，确保游客的出行安全。此外，还可以推动绿色交通的发展，如鼓励使用新能源汽车、提供自行车租赁服务等，减少交通工具对环境的影响。

3. 布设乡村景区智慧夜景

夜景照明是乡村旅游的重要吸引力之一。应利用数字技术布设乡村景区的智慧夜景，如 LED 照明、智能控制等。这些技术可以提高夜景照明的效果和节能性，为游客提供更加舒适和美观的夜间游览体验。

在智慧夜景的布设过程中，应注重与乡村文化的融合和创新，打造具有地方特色的夜景景观。同时，还应加强夜景照明的安全管理和维护工作，确保游客的安全和夜景照明的正常运行。

4. 优化乡村景区公共厕所智能功能

公共卫生基础设施是乡村旅游不可或缺的一部分。应利用数字技术优化乡村景区公共厕所的智能功能，如智能感应、自动清洁、在线查询等。这些措施可以提高公共厕所的卫生水平和使用效率，减少游客的等待时间和不便。

在优化过程中，应注重公共厕所的布局和数量设置，确保游客能够方便快捷地找到并使用公共厕所。同时，还应加强公共厕所的维护和管理工作，确保厕所的清洁和卫生。此外，还可以利用数字技术收集游客对公共厕所的反馈和建议，不断优化和改进服务质量。

（四）推行无接触智能服务，打造全链条、全程化、一站式服务

随着科技的进步和消费者对健康安全需求的提升，无接触智能服务在乡村旅游中的应用日益受到重视。通过推行无接触智能服务，不仅可以提高旅游服务的效率和便捷性，还能有效降低疫情等公共卫生事件对乡村旅游的影响。

1. 推行无接触旅游公共服务

无接触旅游公共服务是指利用现代信息技术，如移动互联网、大数据、人工智能等，实现旅游公共服务的在线化、智能化和自助化，这包括但不限于在线预订、电子门票、智能导览、无接触支付等功能。推行无接触旅游公共服务，可以极大地提升游客的旅游体验，减少人员接触，降低疾病传播风险。

在具体实施上，乡村旅游地应加强与科技企业的合作，引入先进的无接触技术和服务模式。例如开发集预订、支付、导览等功能于一体的乡村旅游App，为游客提供一站式服务。同时，还应加强无接触服务设施的建设，如自助售票机、无接触支付终端等，确保游客在享受便捷服务的同时，也能感受到安全和放心。

此外，无接触旅游公共服务还应注重个性化和定制化。通过大数据分析游客的行为和偏好，为游客提供精准的服务推荐和个性化的旅游方案。这不仅可以提升游客的满意度，还能促进乡村旅游的差异化发展。

2. 构建多主体数字素养帮扶系统

数字素养是指个体或组织在数字时代获取、理解、评估、创建、交流和使用数字信息的能力。在乡村旅游数字化转型的过程中，提升多主体的数字素养至关重要。这包括乡村旅游管理者、从业者、游客以及当地居民等。

为了构建多主体数字素养帮扶系统，首先，应开展数字素养教育和培训。利用举办培训班、讲座、在线课程等形式，提高乡村旅游管理者和从业者的数字技能和信息素养。同时，还应鼓励游客和当地居民积极参与数字素养提升活动，形成全社会共同学习、共同进步的良好氛围。其次，应建立数字素养帮扶平台。乡村旅游管理者和从业者可以从该平台获取最新的数字化知识和技术，游客和当地居民也可以获取旅游信息、参与互动交流等。平台还可以提供在线咨询、技术支持等服务，帮助解决数字化转型过程中遇到的问题和困难。最后，应加强数字素养的评估和反馈。通过定期评估多主体的数字素养水平，及时发现存在的问题和不足，为后续的帮扶工作提供有针对性的指导和建议。同时，还应鼓励游客和当地居民对数字化服务提出意见和建议，推动乡村旅游数字化转型的不断优化和完善。

（五）构筑产业投资体系，营造良好的乡村旅游数字化投资环境

乡村旅游的数字化转型需要大量的资金投入和支持。为了吸引更多的投资，必须构筑完善的产业投资体系，营造良好的投资环境。

1.加快数字旅游产业投资体系建设

首先，制定清晰的产业发展规划和投资策略。明确乡村旅游数字化转型的目标、路径和重点任务，为投资者提供清晰的投资方向和预期回报。

其次，应加大政府投入和扶持力度。政府可以通过设立专项基金、提供财政补贴、税收优惠等方式，支持乡村旅游数字化转型的重点项目和关键环节。同时，还应鼓励社会资本参与乡村旅游数字化转型的投资，形成多元化的投资机制。

最后，应建立数字旅游产业投资平台。通过该平台，投资者可以获取乡村旅游数字化转型的最新动态、项目信息和投资机会。平台还可以提供项目评估、风险评估、法律咨询等服务，帮助投资者做出明智的投资决策。

2.创新融资服务，优化投资环境

首先，应推动金融产品和服务的创新。针对乡村旅游数字化转型的特点和需求，开发适合的投资产品和金融服务，如贷款、保险、基金等。同时，还应加强金融机构的合作和联动，形成协同推进乡村旅游数字化转型的金融合力。

其次，应完善融资担保体系。通过设立融资担保机构、提供融资担保服务等方式，降低投资者的风险和成本。同时，还应加强融资担保机构的监管和风险管理，确保融资担保体系的稳健运行。

最后，应优化投资环境。通过简化审批流程、提高行政效率、加强知识产权保护等方式，为投资者提供更加便捷、高效、安全的投资环境。同时，还应加强与投资者的沟通和交流，及时解决投资者遇到的问题和困难，增强投资者的信心和满意度。

（六）集聚各类智力要素，形成引进培养“双轮驱动”人才体系

乡村旅游的数字化转型需要各类智力要素的支持和保障。为了集聚智力要素、形成人才优势，必须建立引进培养“双轮驱动”的人才体系。

1.集聚高端智力

首先，加强人才引进工作。通过制定优惠政策、提供优厚的待遇和条件等方式，吸引国内外优秀人才来乡村旅游地工作和创新。同时，还应加强与高校、科研机构等的合作和交流，引进先进的理念和技术。

其次，应建立高端智力库。通过整合各类高端智力资源，形成具有影响力的智力库和智库。智力库可以为乡村旅游数字化转型提供决策咨询、技术支持和创新服务等。

2.加强调查研究

首先，明确调查研究的目标和任务。针对乡村旅游数字化转型的关键问题和难点问题，开展深入细致的调查研究工作。

其次，应建立调查研究机制。通过设立专项课题、组织专家团队等方式，开展调查研究工作。

最后，还应加强调查研究成果的转化和应用，将研究成果转化为实际的生产力和创新力。

3. 强化人才培养

首先，制定人才培养计划和方案。根据乡村旅游数字化转型的需求和人才特点，制定有针对性的培养计划和方案。

其次，应加强人才培养的投入和保障。通过设立专项基金、提供培训资源等方式，支持人才培养工作的开展。同时，还应加强人才培养的评估和反馈工作，及时发现和解决问题。

最后，应建立人才培养的激励机制。通过设立奖励机制、提供晋升机会等方式，激励人才积极参与乡村旅游数字化转型的工作和创新活动。同时，还应加强人才的流动和交流工作，促进人才之间的合作和共享。

第二节　乡村旅游发展中的数字化技术应用

一、基于物联网的乡村旅游发展

乡村振兴战略是一个涉及多方面的实施战略，其中农村农业经济的发展是乡村振兴的重要环节，乡村旅游业的发展更是农村经济发展的重要分支，在物联网技术等科学技术的加持下，乡村旅游业的发展更加迅速。①

（一）物联网技术的基本分析

物联网是互联网的重要延伸和扩展，将各类信息传感设备与网络相连接，

① 邓帅涛、张豪杰：《物联网技术在乡村旅游发展中的应用》，《合作经济与科技》2024 年第 1 期。

形成了一个庞大的网络体系，实现了人、机器和物品的随时互联互通。

在定义和基础方面，物联网建立在互联网基础之上，通过射频识别、红外感应器、全球定位系统等多种设备，按照通信协议将各类物品接入互联网。这些技术支持智能化的物品识别、定位、跟踪、监控和管理，使得物品能够实现信息的实时交换和互动。

技术支持与应用方面，物联网成为新一代信息技术的重要组成部分，扩展了互联网用户端到任何物品之间的通信和互动。各类传感器和数据处理设备支持物品间的实时数据传输和交互，从而为物品赋予智能化的能力。

物联网的核心特征在于实现物品的智能化互联，使得物品能够通过网络实现实时信息交换和远程管理。物联网的连接和数据交换，显著提升了物品的智能化水平和工作效率，推动了各行业的科技进步和创新。

（二）物联网技术在乡村旅游发展应用中的优势

随着科技的飞速进步，物联网技术已成为推动乡村旅游业发展的新动力。物联网技术的智能化与强大的数据处理能力，不仅提升了旅游业的运营效率，更为乡村经济注入了新的活力。通过物联网技术，乡村旅游资源的整合与优化变得更加便捷，从而有效促进了地方经济的蓬勃发展。在提升游客体验方面，物联网技术同样展现出其独特优势。借助先进的传感设备和数据分析，游客能够获取更为详尽的景区信息，包括景点介绍、实时天气、人流状况等，这为游客提供了更为丰富的旅游选择和更加贴心的服务。此外，利用物联网技术，游客还可以方便地查询自己的游玩记录和感受，这不仅能帮助他们更好地制定个性化的旅游攻略，还能使游览过程更具目标性和方向性。因此，物联网技术在乡村旅游中的应用无疑为提升游客满意度和旅游品质做出显著贡献。

物联网平台在大数据处理方面的应用，对乡村旅游企业的发展具有深远的影响。借助该平台，乡村旅游企业能够有效地对游客游玩数据进行深入剖析，这些数据不仅涵盖了游客的行为模式，还包括他们的消费习惯和偏好。通过对这些数据进行精细分析，企业可以更加精确地洞察市场动态，从而制定出更具针对性的发展策略。这种以数据为驱动的策略制定方式，有助于企业更加灵活地满足不同游客群体的个性化需求，进而在激烈的市场竞争中脱颖而出。此外，大数据处理还能够显著提高乡村旅游企业管理者的管理能力和业务水平。通过对游客数据的实时监控与分析，管理者可以更加准确地把握市场动态，及时调整经营策略，从而提升游客的认可度和满意度。这不仅有助于增强游客的忠诚度，还能有效促进乡村旅游地的人流量，进而推动当地经济的蓬勃发展。更进一步，大数据分析技术还能发掘出最受游客欢迎的旅游路线，并通过物联网平台将这些信息实时推荐给潜在游客，从而激发他们的游玩兴趣，为乡村旅游注入新的活力。

（三）物联网技术在乡村旅游发展应用中的问题

第一，乡村旅游业中网络基础设施建设较弱。由于大多乡村地区相对偏远，网络通信设施的建设往往滞后于城市地区，导致物联网技术的推广和应用面临诸多困难。具体来说，网络通信不稳定、数据传输速度慢、网络覆盖范围有限等问题屡见不鲜，这些都严重影响了物联网技术在乡村旅游中的有效运用。例如，在一些偏远的乡村旅游景区，由于网络通信不畅，无法实时传输景区内的各类数据，从而影响了游客的旅游体验和管理者的决策效率。

第二，缺乏物联网技术相关的专业人才。物联网技术的研发、部署和维护需要具备专业技能的人才，而在乡村地区，这类人才相对稀缺。由于乡村地区经济发展水平和生活条件的限制，吸引和留住高端技术人才成为一大难题。缺乏专业人才的支持，物联网技术在乡村旅游中的应用难以得到充分发挥，甚至可能出现系统故障无法及时解决的情况，进而影响整个旅游服务的质量和效率。

第三，营销模式不适合。当前，许多乡村旅游企业虽然引入了物联网技术，但在营销方面仍沿用传统的模式，未能充分利用物联网技术带来的数据分析和精准营销优势。这导致物联网技术的投入与产出比不高，无法最大化地发挥其商业价值。例如，一些乡村旅游企业虽然通过物联网技术收集了大量游客数据，但未能有效运用这些数据来进行市场细分和个性化营销，从而错失了提高客户满意度和忠诚度的机会。

第四，平台搭建不完善。物联网技术在乡村旅游中的应用还需要完善的平台支持。然而，目前许多乡村旅游企业的物联网平台搭建尚不完善，存在功能单一、用户界面不友好、数据处理能力有限等问题。这些问题不仅影响了用户体验，也限制了物联网技术在乡村旅游中的深入应用。例如，一些平台的用户界面设计复杂，使得游客在使用时感到困惑；数据处理能力的不足也导致企业无法及时准确地分析游客数据，以指导经营决策。为了解决这些问题，乡村旅游企业需要加大投入，完善物联网平台的搭建，提升用户体验和数据处理能力，从而更好地利用物联网技术推动乡村旅游的发展。

（四）物联网技术在乡村旅游发展中的应用策略

1.加强网络基础设施建设

政府和企业应联手投入资金，扩大网络覆盖范围，特别是在偏远的乡村旅游景区，确保网络通信的稳定性和数据传输的速度。此外，还应定期维护和升级网络设备，以应对不断增长的数据传输需求。同时，可以探索利用新技术，如 5G 网络，以提升网络速度和稳定性，进一步改善乡村旅游的网络环境，为物联网技术的应用提供坚实的网络基础。

2.加大人才引进力度

首先，乡村旅游企业可以与高等院校、科研机构等建立紧密的合作关系，共同开展物联网技术人才的培养计划。例如定向培养，能够确保人才的专业性和实用性，为乡村旅游行业输送一批既懂技术又了解行业需求的专业人才。

其次，为了吸引更多的物联网技术人才加入乡村旅游行业，企业应提供具有竞争力的薪资待遇和广阔的职业发展空间。这不仅能够让人才看到在乡村旅游行业中的发展前景，还能够激发他们的工作热情。

最后，企业也不应忽视内部员工的成长与提升。定期举办技能培训，开设知识更新课程，可以帮助现有员工更好地掌握和运用物联网技术，从而提高整个团队的技术水平和工作效率。这种内外结合的人才引进和培养策略，将为乡村旅游行业的物联网技术应用提供坚实的人才保障。

3. 改进营销模式

针对营销模式不适合的问题，乡村旅游企业需要充分利用物联网技术带来的数据优势，改进传统的营销模式。首先，企业应通过物联网技术收集并分析游客数据，了解游客的消费习惯、偏好和需求，以便进行更精准的市场定位和产品策划。其次，利用社交媒体、旅游平台等多渠道进行宣传推广，提高乡村旅游的知名度和吸引力。最后，还可以结合大数据分析，开展个性化营销活动，如定制旅游线路、优惠促销等，以满足不同游客群体的需求，提升游客满意度和忠诚度。

4. 搭建智慧化的乡村旅游平台

智慧化的乡村旅游平台应具备用户友好的界面设计、强大的数据处理能力以及丰富的功能模块。具体来说，平台应具有便捷的预订服务、实时的景区信息更新、个性化的旅游推荐等功能，以提升用户体验。同时，平台还应支持多种支付方式，方便游客进行交易。此外，通过引入先进的数据分析技术，平台还可以帮助企业更好地了解市场动态和游客需求，从而制定更为精准的市场策略。

综上所述，乡村振兴战略的实施离不开乡村经济的发展，乡村振兴少不了乡村旅游产业的发展，物联网技术的加入使得乡村旅游业的发展更加具有生机，进而促进农村农业经济的发展，实现乡村振兴。加强农村农业旅游网络设施的基础建设，加大物联网技术专业人才的引进力度，为乡村振兴的顺利开展奠定坚实的基础。

二、基于大数据的乡村旅游精准营销

大数据时代的海量数据为乡村旅游精准营销提供了科学数据基础。精准营销是基于数字化技术的营销观念：它在数据分析处理的基础上，准确选择乡村旅游目标市场，描绘目标游客的数字画像，精准分析游客需求，从而使营销策略和手段更有需求导向性和靶向精确性，同时降低了营销成本，提升了市场效率，避免盲目营销。[①]

（一）大数据技术的内涵特征

随着大数据时代的到来，“大数据”已经成为互联网信息技术行业的流行词汇。关于“什么是大数据”这个问题，大家比较认可的是大数据的“4V”说法。大数据的 4 个“V”，或者说是大数据的 4 个特点，包含数据量大（Volume）、数据类型繁多（Variety）、处理速度快（Velocity）和价值密度低（Value）。

1. 数据量大

数据量的急剧增长成为大数据时代的显著特征。这种增长不受人的意志控制，而是自然而然地随着科技进步和社会发展而加速。从 Web2.0 和移动互联网的快速发展，到物联网技术的普及，再到各类传感器和摄像头的广泛应用，都导致数据以指数级增长。人们普遍认为，当前社会正在经历第二次“数据爆炸”，数据量已远超出人类过去的控制范围。

① 柯云芜：《大数据背景下乡村旅游精准营销探究》，《经营管理者》2023 年第 1 期。

2. 数据类型繁多

大数据的类型也变得日益多样化。数据的来源广泛，涵盖科研、企业应用和各类 Web 服务等多个领域，并持续不断地产生新的数据类型。生物大数据、交通大数据、医疗大数据、电信大数据、电力大数据、金融大数据等应运而生，呈现出井喷式的增长态势。数据的种类主要分为结构化数据和非结构化数据两大类。其中，结构化数据存储于关系数据库中，约占全部数据的 10%；而非结构化数据占据了 90% 左右，包括邮件、音频、视频、社交媒体信息等形式。

如此类型繁多的异构数据，向数据处理和分析技术提出了新的挑战，也带来了新的机遇。传统数据主要存储在关系数据库中，但是，在类似 Web2.0 等应用领域中，越来越多的数据开始被存储在非关系型数据库中，这就必然要求在集成的过程中进行数据转换，而这种转换的过程是非常复杂和难以管理的。传统的联机分析处理和商务智能工具大都面向结构化数据，而在大数据时代，用户友好的、支持非结构化数据分析的商业软件也将迎来广阔的市场空间。

3. 处理速度快

在大数据时代，实时需求成为应用开发的关键。现今，人们需要能够即时分析数据，以指导生产和生活实践。这种实时性不仅要求秒级响应，而且与传统的数据挖掘技术有了显著区别，后者更侧重于延迟处理而非即时反馈。

为了应对这一挑战，现代大数据分析采用了集群处理和特殊内部设计等先进技术手段，以实现对海量数据的快速分析。例如，谷歌的 Dremel 系统便是一个典型案例。Dremel 通过其可扩展且交互式的实时查询系统，支持 PB 级数据的快速聚合查询，能够在几秒内完成复杂操作。其技术优势在于利用多级树状执行过程和高效的列式数据结构，这使得 Dremel 能够支持成千上万的 CPU 并行，满足谷歌数以万计用户对 PB 级数据的实时查询需求。这些技术创新不仅强调了处理速度的重要性，也为实现快速数据分析提供了关键的技术和方法。

随着大数据应用的不断发展，处理速度的提升成为保障实时决策和用户体验的核心挑战之一，而先进的技术手段则为应对这一挑战提供了有力支持。

4. 价值密度低

在大数据时代，数据的价值密度问题显得尤为突出。与传统的关系数据库相比，大数据的信息往往分散且价值较低。以监控视频为例，大部分数据是连续不断地产生的，但真正具有价值的时刻只在事件发生时。这种情况导致了大量数据的存储和处理成本极高，涉及监控设备、存储设备以及大量能源资源的投入。

特定领域的应用如电商网站和微博营销更是如此。要实现对用户行为和市场趋势的精准分析和有针对性的营销，必须建立复杂的大数据平台。然而，这种建设所需的投资十分庞大，包括技术人才、硬件设施以及数据安全的保障。令人担忧的是，这些高昂的投资并不总能带来预期的商业利润增长。

尽管大数据时代为我们带来了前所未有的数据获取和分析能力，但数据的实际价值往往集中在极少数具体事件或应用中。获取和利用这些数据不仅需要巨大的投入，还要面对投入与收益不成比例的现实挑战。在未来，如何有效地管理和利用数据，将成为企业和组织在竞争中的重要筹码。

（二）乡村旅游精准营销存在的问题

随着大数据技术的不断发展，其在各个领域的应用日益广泛。然而，在乡村旅游精准营销方面，仍存在诸多问题亟待解决。这些问题不仅制约了乡村旅游的发展，也影响了大数据技术在该领域的深入应用。

一是乡村网络基础设施条件不足。在乡村地区，尤其是偏远山区，网络基础设施的建设往往相对滞后，这不仅表现为网络覆盖不全，还存在网络速度慢、稳定性差等问题。大数据技术的应用，尤其是实时数据的采集、传输和分析，高度依赖稳定的网络环境。网络基础设施的不足，直接导致乡村旅游相关数据无法及时、准确地被收集和处理，进而影响了精准营销的有效实施。例如，在推广乡村旅游产品时，由于网络不稳定，游客的实时反馈和数据无法及时回传，营销团队难以根据市场反馈调整策略，降低了营销的针对性和效果。

二是缺乏数据意识和精准营销意识。在乡村旅游领域，许多经营者和从业者尚未充分认识到数据驱动营销的重要性。他们往往更依赖于传统的营销方式，如广告、口碑等，而忽视了大数据在洞察市场需求、预测消费趋势方面的巨大潜力。这种意识的缺失，导致乡村旅游在营销过程中缺乏科学依据和精准定位，无法有效地触达目标受众。同时，由于对精准营销的理解不够深入，许多乡村旅游企业未能充分利用大数据技术来优化产品和服务，以满足游客日益多样化的需求。

三是乡村旅游精准营销人才的缺乏。大数据技术的应用和精准营销的实施，需要既懂旅游业务又具备数据分析能力的复合型人才。然而，目前乡村旅游领域这类人才极为匮乏。一方面，乡村地区往往难以吸引和留住高端人才；另一方面，现有的从业人员也缺乏系统的数据分析和精准营销培训。这种人才短缺的状况，严重制约了乡村旅游精准营销的发展。例如，在进行市场营销活动时，由于缺乏专业人才的支持，乡村旅游企业可能无法准确分析游客数据，导致营销活动的效果不佳，甚至造成资源的浪费。

（三）乡村旅游实施精准营销的路径

大数据技术的迅猛发展为乡村旅游的精准营销提供了前所未有的机遇。通过深入分析游客数据，乡村旅游企业能够更准确地把握市场需求，制定个性化的营销策略，从而提升市场竞争力。

1. 完善乡村网络基础设施

要实现乡村旅游的精准营销，首要任务是完善乡村网络基础设施。乡村地区通常地理位置偏远，网络覆盖不全、信号质量差等问题屡见不鲜，因此，必须加大投入，提升乡村地区的网络覆盖率和信号质量。

第一，政府应发挥主导作用，增加对乡村网络基础设施建设的财政投入，特别是在偏远地区和贫困地区。建设更多的基站和增强信号传输设备，确保网络信号的全面覆盖和稳定传输。

第二，鼓励电信运营商积极参与乡村网络建设。政府可以给予一定的政策扶持和优惠，吸引电信运营商投入资源，提升乡村网络服务质量。

第三，加强乡村网络设施的维护和管理。建立健全的网络设施维护机制，确保网络设施的正常运行和及时更新，以满足乡村旅游精准营销对网络环境的高要求。

2. 树立数据驱动的管理理念，培养数据意识和精准营销意识

在大数据时代，数据已经成为企业决策的重要依据。乡村旅游企业应树立数据驱动的管理理念，充分利用大数据技术来指导营销决策。

首先，要培养员工的数据意识，使他们认识到数据在营销中的重要性。可以定期举办数据分析和精准营销的培训课程，提高员工的数据素养和营销技能。

其次，要建立完善的数据收集、分析和应用机制。通过收集游客的浏览记录、购买行为、社交媒体互动等数据，深入分析游客的需求和偏好，为精准营销提供数据支持。同时，要根据数据分析结果调整营销策略，如优化产品组合、调整价格策略、改进宣传推广方式等，以提高营销效果。

最后，要注重数据的实时更新和反馈机制。通过实时监测市场动态和游客反馈，及时调整营销策略，确保营销活动的针对性和实效性。

3. 引进信息领域、大数据领域和营销领域人才

人才是推动乡村旅游精准营销的关键力量。为了提升精准营销能力，乡村旅游企业应积极引进信息领域、大数据领域和营销领域的人才。这些人才不仅具备专业的知识和技能，还能为企业带来新的思维和创新力量。

在引进人才的过程中，要注重人才的选拔和培养。可以通过校园招聘、社会招聘等多种渠道吸引优秀人才加入。同时，要建立完善的人才激励机制和晋升机制，为人才提供良好的发展平台和职业前景。此外，还可以与高校、科研机构等建立合作关系，共同培养符合企业需求的专业人才。

除了引进外部人才外，企业还应注重内部员工的培训和提升。可以定期组织员工参加专业技能培训和行业交流活动，提高员工的综合素质和业务水平。这样不仅能提升企业的整体竞争力，还能增强员工的归属感和忠诚度。

（四）乡村旅游实施精准营销的有效措施

通过大数据技术，可以更加准确地识别目标市场、分析顾客需求、定位产品以及进行精准推送，从而提高营销效率和效果。

1. 精准寻找目标市场

通过大数据分析技术，可以对潜在游客进行细分，识别出具有相似需求和偏好的游客群体。这一过程中，可以利用市场调研数据、社交媒体信息、旅游平台用户行为等多维度数据，构建精细化的用户画像，进而确定目标市场。

在确定目标市场时，需要考虑游客的年龄、性别、地域、收入、教育背景等因素，以及他们对乡村旅游的偏好、消费习惯和旅游需求。对这些数据的深入挖掘和分析，可以更加精准地锁定目标市场，为后续的营销活动提供有力支持。

2. 通过游客画像精准分析顾客需求

基于大数据分析，可以整合游客的各类信息，包括基本信息、消费记录、

浏览行为、社交媒体互动等，从而形成一个全面、立体的游客画像。

通过游客画像，可以深入洞察游客的需求和偏好。例如，分析游客的浏览记录和购买行为，可以了解他们对不同类型乡村旅游产品的兴趣程度；通过社交媒体互动信息，可以洞察游客的旅游动机和情感需求。这些精准的需求分析，有助于乡村旅游企业针对性地开发产品和制定营销策略。

3. 对产品进行精准定位

在精准分析顾客需求的基础上，乡村旅游企业需要对产品进行精准定位。这包括确定产品的核心卖点、目标受众、价格策略以及推广渠道等。

通过大数据分析，可以了解目标市场对乡村旅游产品的具体需求和期望。例如，某些游客群体可能更注重文化体验，而另一些游客则更看重自然风光。基于这些洞察，企业可以针对不同的游客群体开发相应的旅游产品，并进行精准营销。同时，通过监测市场动态和竞争对手情况，企业可以及时调整产品定位和策略，以保持竞争优势。

4. 精准推送

在大数据技术的支持下，企业可以通过个性化推荐算法，将旅游产品精准地推送给目标游客。

具体而言，企业可以利用游客画像、浏览记录、购买历史等数据，构建推荐模型。当游客访问旅游平台或相关应用时，系统会根据其个人特征和需求，自动推荐最合适的旅游产品。这种精准推送方式不仅提高了营销的针对性，还能提升游客的满意度和忠诚度。

为了实现精准推送，乡村旅游企业需要加强与主流媒体、社交媒体以及旅游平台的合作。通过这些渠道，企业可以将旅游产品推送给更广泛的潜在游客群体。同时，结合大数据分析技术，企业可以实时跟踪推送效果，不断优化推送策略和内容。

总而言之，数据是乡村旅游精准营销的基础。乡村旅游要补齐基础网络设施不足和人才缺乏等短板，构建自身的数据库，树立精准营销理念，通过精准目标市场定位、精准游客需求分析以及旅游信息的精准推送来实现乡村旅游的精准营销。

三、基于虚拟现实的乡村旅游发展

虚拟现实是以计算机技术为核心，生成与一定范围内的真实环境在视、听、触感等方面相近似的一种模拟环境，是一种让三维动态视景和实体行为交互的系统仿真。

（一）虚拟现实技术的特点

与目前常见的技术相比，虚拟现实技术具有五个显著的特点：

一是沉浸性。沉浸性是虚拟现实技术最主要的特征，它可以让体验者成为虚拟场景中的一部分，仿佛置身其中。与普通视频带来的视觉、听觉体验以及AR技术带来的现实增强相比，虚拟现实技术可以调动用户的触觉、味觉、嗅觉、运动感知等，使之产生思维共鸣，获得心理沉浸，如同进入真实世界。

二是交互性。交互性指的是用户在虚拟世界中与周围物体产生的互动和周围虚拟物体给予用户的反馈，当用户进行某些操作时，周围环境也会发生相应的变化。

三是多感知性。在虚拟现实环境中，用户可以通过多种感官来体验虚拟世界，比如听觉、视觉、触觉、嗅觉等，虚拟现实技术的沉浸性主要就是由其多感知性带来的。

四是构想性。构想性也称想象性，说明虚拟空间的构造与现实世界中的认知规律不同，可以按照构建者的想象构建。例如虚拟现实技术的交互性，当用户给予环境动作时，环境反馈给用户的动作可以违背现实世界的常理，构建者可以创造客观世界中不存在的场景。

五是自主性。自主性是指虚拟环境中物体根据物理定律运动的程度。如当受到力的推动时，物体会向力的方向移动，或翻倒，或从桌面落到地面等。

（二）基于虚拟现实的乡村旅游发展模式

基于虚拟现实技术的乡村旅游发展模式主要由全景故事、文化大数据和数字出版构成。

1. 全景故事

基于虚拟现实技术的乡村旅游地全景故事构建，其核心理念在于利用前沿技术为游客提供一种全新的旅游体验。通过虚拟现实技术，我们能够营造一种沉浸式的乡村旅游地可视化展现，即所谓的全景故事。这一过程首先依赖于360° 全景图像的制作，该步骤需要通过专业相机捕捉环境的全景图片集，进而借助计算机技术进行精准拼接，从而生成完整的全景图像。相较于传统的视频和音频媒体，全景技术赋予了用户更高的自由度和互动性，用户可以 360° 自由拖动观看，获得更为真实和深入的体验。此外，全景故事不仅仅是对景点的简单再现，它还能通过虚拟的全景表达方式，为每一处乡村旅游资源增添时间、空间、故事情节以及丰富的交互元素，从而打造出富有情感和生命力的全景故事。为了让更多人了解和体验这种新型的旅游方式，我们还通过各种社交平台，如微博、微信、QQ 等进行广泛推广。潜在游客可以通过这些平台的移动端、电脑端或者 VR 眼镜来观看和互动，进一步激发他们对乡村旅游的兴趣和好奇心。

与传统媒体相比较，全景故事展现出四大显著优势：其一，真实感更为强烈，因全景技术所采纳的素材均源于实际拍摄的图片，这与通过建模生成的对象有本质差异。全景图像或视频蕴含着丰富的真实细节，从而为用户提供了更为逼真的视觉体验。其二，全景图像在信息储存与表达方面具有显著优势，其不仅能呈现更多细节，还能实现与用户的交互功能，这是传统图片所无法比拟的。其三，通过三维透视处理技术，全景图像能够模拟出真实的三维场景，进而大幅提升用户的沉浸感受，使得用户仿佛身临其境。其四，全景故事的生成流程简便高效，不仅制作周期短、成本低廉，而且生成的文件体积相对较小，非常便于网络传输，这一特点极大地促进了全景故事的传播与应用。

通过巧妙地结合公共文化资源、新媒体渠道以及传统出版方式，全景故事为乡村旅游注入了新的活力。在全景与公共文化资源的融合中，我们可以看到其在博物馆、艺术馆等文化场所的深入应用，不仅丰富了游客的参观体验，更有效地宣扬了红色文化，对乡村的文化振兴起到了积极的推动作用。同时，全景与新媒体的有机结合，通过引入多元化的互动元素，使得乡村旅游的故事性更强，吸引力更大。借助新媒体平台的广泛传播，全景故事成功地激发了更多人对乡村旅游的兴趣。此外，全景故事还巧妙地融入了传统出版领域，报纸、书刊等媒介，将乡村旅游的美景与文化带给更广泛的读者群体，满足了现代人对时尚、个性化和即时互动的阅读需求。这一创新模式不仅为乡村旅游带来了新的发展机遇，也为传统出版业注入了新的生命力。

2. 文化大数据

在数字化时代的浪潮下，大数据已经深刻地渗透到社会生活的各个层面，文化领域亦不例外。这一技术变革为文化服务领域的未来发展开辟了前所未有的新机遇。文化与科技的深度融合，特别是在大数据的驱动下，不仅提升了文化产业的创新能力，更进一步推动了文化智慧旅游的发展。如今，文化数字化已被确立为国家文化发展战略的重要支点，体现了国家对数字化文化发展的高度重视。为此，我国已构建国家级文化艺术资源的数字集成平台，旨在通过数据整合与共享，助力乡村旅游事业的蓬勃发展。

文化大数据不同于其他行业的大数据，具有以下特点：①数据资源量规模庞大，国家开放的公共文化数字资源丰富。近年来，国家大力推进公共文化数字化的进程，积极推进数字文化资源整合，建设了如国家数字文化网一类的数字文化资源整合共享发布平台。②数据结构复杂。随着人们对文化滋养的需求日益上升，人们开始不仅仅满足于传统的文化表现形式，而是对以互联网为基础的各种创新型文化表现形式抱有很大的关注度，活跃的用户行为将产生结构更加复杂的数据。

文化大数据在乡村旅游中的应用具有深远影响，涵盖了营利性旅游景区、爱国主义教育基地、历史遗址、博物馆、艺术展以及传统文化作品等多个层面。借助先进的地理信息采集技术，我们可以系统地收集乡村地区营利性旅游景区的地理风貌数据。这些数据不仅为潜在游客提供了全景式的旅游文化资源展示，使他们能够全面了解景区的整体风貌与地理位置，进而作出更为明智的旅游目的地选择，而且还极大地丰富了游客的旅游体验。此外，通过对乡村地区的红色遗址，如抗战遗址和革命故事发生地，进行全景式数据采集，我们不仅能有效地记录和保存这些珍贵的红色记忆，更能通过新媒体渠道广泛传播，进一步弘扬红色精神，吸引社会各界的广泛关注。这一举措不仅充实了国家红色经典遗址文化数据库，也为乡村旅游注入了新的活力。同时，对乡村地区的历史遗址、博物馆文物、艺术展以及传统文化作品的数据采集工作，不仅推动了当地文化资源的数字化进程，更为这些独特的乡村文化资源提供了更广阔的推广平台。通过这种数字化的表现形式，我们能够更有效地扩大乡村传统特色旅游资源的影响力，进一步促进乡村旅游的繁荣发展。

3. 数字出版

数字出版作为一种现代化的文化出版管理模式，通过全景内容与文化大数据的深度整合，推动了出版物的跨领域融合。这一模式着重强调内容、生产及运作流程的全面数字化，从而带动了阅读、消费、传播和学习形态的数字化转型。特别是在乡村旅游宣传方面，数字出版为其特色和优势的展示提供了更多的宣传渠道。随着新兴载体的不断涌现，人们获取信息和内容的媒介与习惯也在发生改变，信息获取方式日趋个性化、多元化和数字化。这一变革推动数字出版由原先的单一形态向全媒体、规模化出版演进，同时，也并不意味着传统出版的消亡，而是形成了传统与数字并行的发展格局。全景数字出版的兴起，预示着资源将以更多元的形式实现最大化分享。

数字出版在乡村旅游中的运用主要包括：①建立数字内容编辑和加工作业的平台，该平台将对乡村旅游文化数据进行精细化、全景式的编辑与处理，以确保文化信息的完整性与准确性；②建立文化大数据资源及发布平台，即通过片段式挖掘全景资源的文化元素，构建文化资源数据库，建立文化大数据发布平台，实现乡村旅游地文化大数据的发布和共享；③建立全景内容共享发布平台，即基于版权保护环境，数字出版可为乡村旅游地提供全景内容共享发布平台，并支持多终端、全媒体形式查阅；④建立数字版权保护平台，即通过应用数字水印、数据库技术对数字作品实现版权保护，保障乡村旅游地文化大数据的版权。

第三节　数字文旅助推乡村旅游高质量发展

在当前中国经济由高速增长向高质量发展转型的宏观背景下，“十四五”规划明确强调了文旅产业需迈向更高层次的发展阶段。数字文旅作为新兴动力，正深刻推动乡村旅游实现质的飞跃。[①] 系统地整治乡村生态环境，不仅保护了绿水青山，还促进了经济增长方式的根本性转变，为乡村地区的可持续发展奠定坚实基础。文旅部积极响应，旨在通过提升旅游产品的服务质量和创新乡村旅游体验，激发乡村活力。数字经济作为创新引擎，通过大数据、云计算等先进技术赋能乡村旅游，不仅丰富了游客体验，还促进了乡村旅游的提质增效与转型升级，为乡村振兴注入了强劲动力。

一、数字文旅下乡村旅游高质量发展的理论内涵

数字文旅作为新时代文旅产业转型升级的重要路径，其核心在于深度挖掘并依托互联网技术，引领场景创新的潮流，旨在促进文化与旅游产业间的无缝融合与创新性发展。这一模式的本质，在于实现数字技术与文旅产业的深度融合，通过技术手段重塑游客体验，激活传统文旅资源的新活力。在推动乡村旅游高质量发展的进程中，数字技术被赋予了引擎的角色，它不仅优化了资源配置，还促进了农业、文化、旅游等多产业的深度融合发展，为乡村经济注入了强劲动力。同时，"后乡村性理论"为乡村旅游提供了新的理论视角，该理论强调在保留乡村性的本质特征基础上，通过强化旅游愉悦性休闲体验与后乡村性元素的融合，构建乡村旅游的核心吸引力，引领乡村旅游向更加多元化、高品质的方向迈进。

在当今时代背景下，数字文旅与乡村旅游的高质量融合发展，深刻体现了新时代高质量发展战略的核心理念与本质要求，紧密契合国家关于创新驱动、绿色发展等战略论述。依托 VR（虚拟现实）、云计算、5G 等前沿信息技术的

① 万小妹：《数字文旅赋能乡村旅游高质量发展研究》，《农村经济与科技》2022 年第 9 期。

迅猛发展，数字文旅技术成为驱动乡村旅游转型升级的关键力量，不仅有效缓解了传统旅游供需失衡的矛盾，还为乡村旅游注入了前所未有的创新活力。

这一进程不仅促进了乡村旅游与多产业的深度融合，催生了丰富的旅游新业态，更在提升乡村生态环境质量、打造生态宜居家园及推动农民生活富裕方面发挥了多元且深远的推动作用。高质量发展在此背景下的内涵得以深化，它超越了传统“可持续发展”概念的简单范畴，演化为由数字文旅引领的、蕴含深刻变革意义的战略性多元发展路径，为乡村旅游乃至整个文旅行业的可持续发展探索出了一条全新而光明的道路。

二、乡村旅游聚焦高质量发展的数字化进程

数字经济蓬勃发展，其深刻变革力正积极促进旅游消费形态的多元化与个性化，为乡村旅游的高质量发展开辟了全新路径与方向。我国文旅部在《“十四五”文化和旅游发展规划》中明确提出，要深度发展以智能化和数字化为特征的智慧旅游。近年来，我国数字信息技术深入发展并不断完善，逐渐形成了以互联网、云计算、大数据等为基础，以通信网 5G、物联网、VR/AR/XR/MR 等混合现实和虚拟现实技术为依托，以旅游大数据中心、线上虚拟旅游平台等为重要旅游应用场域的数字架构。与此同时，乡村地区网络通信覆盖率的显著提升，全面实现了“村村通宽带”的目标，这一基础设施的完善为乡村旅游的数字化、智能化发展提供了强有力的支撑，进一步加速了乡村旅游与现代信息技术的深度融合，推动其向更高质量、更可持续的发展阶段迈进。

虽然数字业态技术的蓬勃发展取得了显著成果，为乡村经济的转型升级奠定了坚实的信息技术基础。尽管乡村旅游在数字化浪潮中粗具雏形，但其转型能力与内生动力仍显不足，限制了进一步的发展潜力。当前，乡村经济中的数字技术应用主要聚焦于农林牧渔的传统产业优化、教育资源的远程共享以及电

商平台的搭建，相比之下，在旅游领域的创新应用则显得较为匮乏，未能充分挖掘旅游资源的数字化潜力。乡村旅游数字化进程面临的挑战不容忽视，主要包括公众对数字化价值的认知不足、治理与监管机制滞后、核心文化或旅游 IP 缺失以及投资决策的盲目性等问题，这些均是乡村旅游高质量发展遇到的瓶颈。为破解这些难题，促进乡村旅游全面进入数字时代，一系列加强支持性、保障性的法律制度正逐步建立和完善，旨在为乡村旅游的数字化转型提供坚实的法律支撑与制度保障。2018 年我国明确提出要实施数字乡村战略，做好整体规划设计；2019 年中共中央进一步印发了《数字乡村发展规划》；2022 年我国文旅部等 9 部门联合颁发了《关于深化“互联网 + 旅游”推动旅游业高质量发展的意见》。由此可见，借助数字化力量推动乡村旅游高质量发展刻不容缓，如何推进乡村数字文旅的创新发展将是未来的重要议题。

三、数字经济时代乡村旅游高质量发展的有效路径

在数字经济时代背景下，乡村旅游发展遭遇多重挑战，包括科技成果转化效率低下、产品创新匮乏、资源信息整合不足及资金筹措困境等问题。步入新发展阶段，公众对旅游体验的内涵与质量追求日益增长，对乡村旅游提出了转型升级的迫切需求。鉴于此，亟须以高质量发展为核心理念，依托数字经济作为核心驱动力，深化文旅产业融合路径，探索并实践乡村旅游创新发展模式，此举对推动乡村旅游持续繁荣具有深远战略意义。

旅游业高质量发展的三个标准分别是游客满意度高不高、企业竞争力强不强和产业发展后劲足不足。因此，用数字技术助力乡村旅游高质量发展要具体从以下三个方面展开：

（一）消费升级：满足游客的品质化和多元化需求

在数字时代背景下，乡村旅游正迈向品质化与多元化体验的崭新阶段，旨

在满足游客日益增长的深层次需求。伴随消费者消费理念的理性化、文明化及数字化演进，乡村旅游亟须构建覆盖从展示、传播、精准营销到高效管理的全流程数字化体系。

具体而言，引入实时直播、在线预退订系统及便捷的咨询投诉渠道，不仅提升了服务的即时性与互动性，还增强了游客的参与感和满意度。同时，运用大数据、云计算等先进数字技术，系统全面地整合乡村旅游资源信息，为游客提供个性化、定制化的旅行方案，有力促进了乡村旅游产业的高质量发展。此外，多角度融合数字技术于旅游体验之中，如虚拟现实（VR）、增强现实（AR）等，进一步提升了乡村旅游的品质感与沉浸感，实现了旅游体验的个性化与差异化升级。

（二）供给优化：提升企业的数字供给和竞争力

在推动乡村旅游企业转型升级的进程中，强化数字技术的深度应用成为关键举措，要显著提升数字化供给能力与水平。鉴于当前乡村数字文旅产品供给不足，难以满足游客日益增长的体验需求与情感共鸣，亟须通过创新策略加以弥补。为此，应构建“三新”观念体系：秉持新要素观，利用数字技术桥梁实现全球化连接；树立新生产观，推动乡村旅游向数字化生产、智慧管理迈进；倡导新发展观，深度融合文化旅游与数字经济，开创乡村旅游发展新格局。

同时，依托新媒体平台与前沿数字科技，精心打造具有地域特色与文化底蕴的乡村文旅 IP，增强品牌吸引力与辨识度。运用集成 LBS（基于位置的服务）、大数据、云计算等先进技术，不仅能够有效提升乡村旅游的管理效率与服务质量，还能为精准营销与科学决策提供坚实的数据支撑。此外，持续优化产品供给体系，拓宽乡村旅游产品开发维度，丰富渗透场景，为游客提供更加多元化、个性化的旅游体验，进一步激活乡村文旅市场的活力与潜力。

（三）资源配置：全面均衡旅游要素以增强产业发展的后劲

在乡村旅游的转型升级进程中，数字技术扮演着至关重要的角色，它不仅为传统乡村旅游注入了新的活力，更通过创新沉浸式体验模式，显著增强了乡村旅游业的发展后劲。当前，乡村旅游市场面临产品形态单一、数字化程度不足及夜间经济薄弱等挑战，亟须数字技术的深度介入与赋能。具体而言，数字技术应聚焦于均衡空间要素与时间要素的分配，巧妙融合山地平原等自然风貌与区域特色，同时跨越虚实空间界限，实现昼夜、淡旺季及集中与预约游览模式的灵活调度。通过整合时空资源，数字技术能够精准展现乡村独特风貌与文化底蕴，促进特色资源的广泛传播，进而提升游客的参与感与互动体验，有效扩大乡村文化的国际影响力与知名度。此外，数字技术的应用还极大地提升了旅游管理的智能化水平，为乡村旅游的高质量发展奠定了坚实基础。

四、数字文旅赋能乡村旅游高质量发展的政策导向

（一）创新乡村数字文旅管理机制

乡村旅游在数字化转型进程中，当前面临着显著的活力匮乏与动力机制缺失的困境，亟须构建一套创新的数字文旅活化管理机制以激发其发展潜力。现有行政管理体系中，部门权限的局限性制约了区域旅游资源的有效整合、新业态的培育以及技术创新的深度应用，导致整体发展动力不足。

鉴于此，政府亟须转变管理思路，从传统的分散式管理模式向共享管理和价值共创理念转变，通过政策引导与制度创新，促进跨部门、跨区域的资源深度融合与高效利用，吸引并纳入多方主体共同参与乡村旅游的数字化建设，形成共建共享的良好生态。

打破信息壁垒，整合散落于各处的碎片化旅游信息，实现数据互联互通，优化资源配置效率，是提升乡村旅游数字化水平的关键一环。在此基础上，进

一步完善公共服务体系，特别是在交通网络和景区服务智能化方面，引入流量实时监测、智能导向系统、VR 虚拟体验等先进技术，为游客提供更加便捷、丰富、沉浸式的旅游体验。

此外，充分利用大数据、人工智能等数字技术深入挖掘游客与居民需求偏好，实施精准营销与个性化服务策略，不仅能够显著提升游客满意度，还能有效推动乡村旅游数字文旅理念的创新与实践，为乡村旅游的可持续发展注入新的活力与动力。

（二）构建数字文旅相关专家智库

在推动乡村旅游转型升级的进程中，我们致力于组建一支跨学科的专家团队，该团队要深度融合文化旅游、数字科技、经济管理等多领域的精英人才，旨在构建乡村旅游数字文旅的智囊高地与智库平台。此举措不仅可以强化对乡村旅游数字化转型的理论研究与实践支持，还积极促进科研机构与企业间的深度合作，通过系统的调研、研讨与数据分析，精准评估发展路径与项目可行性，为乡村旅游的智能化、精准化提供科学依据。同时，我们注重智力资源的深度挖掘与利用，数字化教学资源的开发与人才培养体系的完善，为乡村旅游的高质量发展注入强劲动力。此外，聚焦于“数字文旅 + 乡村旅游”的创新应用场景开发，我们不断探索新技术、新模式在乡村旅游中的融合应用，以科技赋能乡村，实现乡村文化的有效保护与文化振兴的双重目标，进而推动农村精神文明建设，加速城乡一体化进程，助力新农村建设的全面深化。

（三）规范文旅产品的数字化标准

乡村旅游的数字化建设在当前时代背景下展现出不可估量的作用，它不仅是推动乡村经济转型升级的关键路径，更是传承与保护乡村特色文化旅游资源、激活乡村内在价值的有效手段。然而，面对这一进程，我们不得不正视面临的挑战与问题。首先，基础设施的匮乏与数字经济发展的不均衡性显著制约了乡村旅游数字化的步伐。部分乡村地区网络覆盖不全、信息服务平台建设滞后，直接影响了数字化服务的普及与效率。其次，乡村旅游的数字化起步较晚，与旅游产业的深度融合尚显不足，导致现有数字化产品和服务难以满足游客日益增长的多元化、个性化需求。最后，在推进数字化的过程中，往往过分强调技术应用的便捷性，而忽视了“乡村性”这一乡村旅游核心吸引力的本质提升，削弱了乡村旅游的独特魅力与可持续性。

为应对上述挑战，政府应发挥主导作用，出台一系列针对性强、操作性高的政策机制，明确数字化建设的目标与方向，制定统一的数字化标准，构建科学的顶层设计与有效的推广机制。同时，加大财政投入力度，合理规划资金配置，确保资金精准投放于基础设施升级、技术创新应用及乡村特色文化资源的数字化保护与展示等方面，避免扶持方向出现偏差，真正促进乡村旅游数字化建设的健康、快速发展。

（四）倡导乡村旅游行业数字向善

当前，数字安全领域的严峻挑战不容忽视，各行业频繁发生的信息泄露事件正深刻影响着社会的信任基石与合作生态。为有效应对此局面，政府与企业要构建紧密的合作关系，共同探索数字技术在乡村旅游安全领域的创新应用，通过开发前沿防御性技术，构建坚不可摧的网络安全防线。这一合作模式不仅注重实时监测用户端潜在的不安全行为，还致力于运用大数据分析等手段预判潜在风险，精准施策解决乡村旅游产业面临的安全难题。同时，强化乡村旅游产品及整个行业的安全监管体系，推动安保措施的数字化升级，以科技力量筑牢安全屏障。此外，提升乡村旅游的品质形象，确保消费者权益得到充分保障，是这一合作框架下的重要目标，通过科技向善的价值观引领，为乡村旅游的高质量发展保驾护航，促进社会的和谐与繁荣。

第四节　数字乡村建设与乡村旅游的融合探究

推动数字乡村建设是振兴乡村产业、提升农业竞争力、构筑乡村振兴物质基础的必然要求，是农业农村经济转型升级的重要抓手和有效途径。而依托数字化技术整合区域内分散的乡村旅游资源，发展优势乡村旅游产业，则有助于促进乡村旅游产业优化升级和保护乡村传统文化资源。因此，积极推动数字乡村建设与乡村旅游融合是当前推动乡村发展的重要任务。

一、数字乡村建设与乡村旅游融合的意义

乡村旅游是以乡村自然、人文等景观为载体，在坚持生态保护的原则之下，为消费者提供差异性旅游产品的业态。在全面推进乡村振兴的时代场域下，积极推动数字乡村建设与乡村旅游融合具有重要的意义。

（一）有助于促进乡村旅游产业优化升级

产业振兴是实现乡村振兴的核心环节，而乡村旅游作为新兴产业，无疑是推动这一振兴进程的重要突破口。随着旅游市场的日益繁荣，乡村旅游也面临着激烈的市场竞争和产业升级的迫切需求。在这一背景下，数字技术的引入显得尤为重要。数字技术以其独特的优势，能够打破时空限制，弥补人力资源的不足，从而有效地推动乡村旅游的持续发展。

数字乡村建设能够更加精准地分析消费者需求，为乡村旅游的市场定位和产品创新提供数据支持，注入新的活力。同时，依托数字平台，乡村旅游与其他相关产业，如农业、手工艺等可以实现有机融合，为游客提供更多元化的旅

游体验。

此外，数字技术的应用还有助于创造独具特色的数字文旅产品，优化资源配置，并通过互联网拓宽宣传渠道，吸引更多游客。这不仅有助于提升乡村旅游的知名度和影响力，还能促进第一产业、第二产业和第三产业之间的协同发展，共同助力乡村振兴。

（二）有助于保护乡村传统文化资源

乡村传统文化作为地域性主观思想形态的深厚积淀，不仅承载着历史的记忆与民族的情感，更是推动乡村社会持续发展的重要精神源泉。城镇化进程加速带来的乡村人口外流现象，使乡村传统文化的传承与发展正面临前所未有的挑战。在此背景下，数字技术的崛起为乡村传统文化的保护与传承开辟了新的路径。

数字平台能够利用虚拟现实、增强现实等先进技术手段，实现乡村文化的虚拟导览与沉浸式体验，不仅生动展现了乡村的自然风光、民俗风情与文化遗产，还极大地提升了公众对乡村旅游的兴趣及文化保护的意识。此外，数字技术还打破地域限制，使乡村文化旅游内容得以远程呈现，为消费者提供更加丰富、便捷的互动体验，进一步增强了文化的传播力与影响力。因此，数字技术不仅是应对乡村传统文化保护危机的有效策略，更是推动乡村文化创新发展与乡村振兴的关键力量。

二、数字乡村建设与乡村旅游融合面临的挑战

从全面推进乡村振兴的要求来看，相较于传统粗放、分散的旅游发展模式，数字化背景下的乡村旅游亟待向旅游资源的优化配置与精细化管理模式转型。然而，当前乡村数字基础设施建设尚显薄弱，数字鸿沟现象依旧显著，加之数字化领域专业技术人才的匮乏，以及乡村旅游品牌效应的不足，这些都是数字

乡村建设与乡村旅游深度融合的主要障碍。① 这些问题不仅制约了乡村旅游的提质增效，也阻碍了乡村全面振兴的步伐，因此，亟须社会各界给予高度关注与积极应对，以破解发展瓶颈，推动乡村旅游向数字化、智慧化方向迈进。

（一）乡村数字基础设施建设不足，仍然存在数字鸿沟

1. 乡村新型信息基础设施较为缺乏

数字乡村建设的基础在于完善的信息通信网络体系，然而，当前多数乡村地区在信息基础设施建设上仍显滞后。具体而言，高速宽带网络覆盖率不足，特别是在偏远山区和贫困地区，网络信号弱、速度慢的问题尤为突出，难以支撑大规模的数据传输和实时交互需求。此外，5G、物联网、大数据中心等前沿信息技术的布局与应用在乡村地区尚处于起步阶段，限制了智慧旅游、智能农业等新型业态的发展空间。这种基础设施的不足，直接影响了乡村旅游的数字化水平。例如，在线预订、智能导航、虚拟现实体验等数字化服务因网络条件限制而难以普及，游客在乡村地区的旅游体验难以达到城市旅游的标准，进而影响了乡村旅游的吸引力和竞争力。

2. 乡村与城镇仍然存在"数字鸿沟"

除了乡村内部的信息基础设施差以外，乡村与城镇之间的"数字鸿沟"也是制约乡村旅游数字化发展的重要因素。一方面，城镇居民在数字化工具的使用、信息获取及处理能力上普遍高于乡村居民，这种能力差异使得乡村旅游的数字化产品和服务在推广过程中面临受众接受度低的挑战。另一方面，城乡之间的数字资源分配不均，优质旅游信息、营销策略和数字化管理工具往往优先流向城市，而乡村地区则相对匮乏，难以形成有效的数字化营销体系，进一步

---

① 王锦：《数字乡村建设与乡村旅游融合：需求、困境及路径》，《村委主任》2024 年第 3 期。

加剧了城乡旅游发展的不平衡。

（二）乡村数字化专业技术人才缺乏

数字乡村建设与乡村旅游的融合，离不开专业技术人才的支撑。然而，当前乡村地区在数字化人才储备方面存在显著短板。一方面，由于经济发展水平、教育资源及就业环境等因素的制约，乡村难以吸引和留住高水平的数字化技术人才。另一方面，乡村居民自身的数字化素养和技能水平相对较低，难以适应数字乡村建设和乡村旅游数字化发展的需要。

这种人才短缺的状况，导致乡村在数字化规划、平台建设、数据分析、运营管理等方面缺乏专业指导和实践经验，难以有效推动乡村旅游的数字化转型。同时，由于缺乏专业人才的支持，乡村在数字化创新方面也显得力不从心，难以开发出具有地方特色和市场竞争力的数字化旅游产品。

（三）乡村旅游缺乏品牌效应

一方面，一些地方的乡村旅游缺乏统一的规划，导致集群效应较差。乡村旅游的品牌化建设是提升其市场竞争力和影响力的重要途径。然而，目前许多地方的乡村旅游发展仍处于自发、无序的状态，缺乏科学统一的规划和管理。这导致乡村旅游项目分布零散、规模偏小、特色不鲜明，难以形成集群效应和规模效应。在数字化背景下，这种缺乏统一规划的现状使得乡村旅游在数字化营销和品牌推广上难以形成合力，难以吸引足够的游客关注和参与。

另一方面，乡村旅游产品同质化现象严重。除了缺乏统一规划外，乡村旅游产品的同质化现象也是制约其品牌化发展的重要因素。在追求短期经济效益的驱动下，许多乡村旅游项目盲目跟风、模仿复制，导致旅游产品内容雷同、形式单一。这种同质化竞争不仅削弱了乡村旅游的独特性和吸引力，也加剧了市场的饱和度和竞争压力。在数字化时代，游客对旅游产品的选择更加多样化和个性化，同质化的乡村旅游产品难以满足游客的多元化需求，从而限制了其品牌化发展的空间。

三、数字乡村建设与乡村旅游融合的策略选择

数字旅游是新时期乡村旅游发展的必然选择，针对当前乡村旅游发展过程中存在的问题，需要不断优化数字乡村建设与乡村旅游融合的具体路径，以推动乡村旅游发展模式变革。

（一）加大资金投入，促进乡村数字旅游基础设施建设

数字旅游基础设施是支撑乡村旅游数字化转型的基石，其完善程度直接关系到乡村旅游智慧化、信息化的水平。鉴于当前乡村数字旅游基础设施建设相对滞后的现状，加大资金投入，构建全面、高效的基础设施体系，成为推动两者深度融合的首要任务。

第一，充分发挥政府在资金投入方面的引导作用。政府作为公共资源的调配者，其在数字乡村建设中的资金引导作用至关重要。首先，政府应加大对乡村数字旅游基础设施建设的财政投入，特别是针对那些经济基础薄弱、自筹资金能力有限的地区，要给予重点扶持。通过设立专项基金、提供财政补贴、税收优惠等手段，激励和引导各类资本向乡村数字旅游领域倾斜。其次，政府应制定科学的投资规划，确保资金使用的精准性和有效性。在资金投入前，应进行深入的市场调研和需求分析，明确基础设施建设的重点领域和优先次序，避免资源的浪费和重复建设。最后，建立健全的项目监管和评估机制，对资金使用情况进行跟踪检查，确保投资效益的最大化。

第二，构建多元化的乡村数字旅游基础设施建设资金投入机制。单一的政府投入难以满足乡村数字旅游基础设施建设的巨大资金需求，因此，必须构建多元化的资金筹集渠道，形成政府、企业、社会多方参与的共建共享格局。一方面，广泛吸引社会资金支持乡村数字旅游基础设施建设。政府可以通过 PPP

（政府和社会资本合作）模式、股权合作、特许经营等方式，吸引社会资本参与基础设施建设和运营。同时，积极引导和鼓励社会力量通过捐赠、赞助等形式参与乡村数字旅游项目，拓宽资金来源渠道。另一方面，创新乡村数字旅游相关的金融产品。金融机构应针对乡村数字旅游的特点和需求，开发适合该领域的金融产品和服务。例如，推出专项贷款、保险产品等，为乡村数字旅游基础设施建设提供金融支持。此外，还可以探索资产证券化、众筹等新型融资方式，拓宽融资渠道，降低融资成本。

（二）构建完善的乡村数字与旅游人才队伍培养机制

人才振兴是乡村振兴的基础，乡村数字建设与乡村旅游融合需要优秀的人才作为支撑，以激发二者融合发展的内生动力。

1.重视对村民的数字化技术应用培训

村民作为乡村数字建设与乡村旅游融合的直接参与者和受益者，其数字化技术应用能力的提升是推进融合发展的关键。因此，必须加强对村民的数字化技术培训，提高其运用数字技术改善生产生活、参与乡村旅游发展的能力。

首先，应建立多层次、多形式的培训体系。针对不同年龄、文化程度和技能水平的村民，设计差异化的培训课程和教学内容。例如，对于年轻村民，可以重点培训其掌握电子商务、社交媒体营销、大数据分析等前沿技术；对于中老年村民，则更注重对基础电脑操作、智能手机应用等实用技能的培训。同时，结合乡村旅游的实际需求，开设乡村旅游服务、特色农产品网络营销等相关课程，增强村民参与乡村旅游发展的能力。

其次，创新培训方式，增强培训效果。充分利用互联网、远程教育等现代信息技术手段，打破地域限制，实现优质培训资源的共享。通过线上直播、视频教学、在线答疑等方式，为村民提供灵活便捷的学习途径。同时，结合线下实地教学、案例分析、模拟演练等方法，加深村民对数字化技术的理解和应用。

最后，建立激励机制，激发村民参与培训的积极性。政府和企业可以联合设立培训补贴、奖学金等奖励措施，对积极参加培训并取得优异成绩的村民给予表彰和奖励。同时，将培训成果与村民的就业创业、收入增长等切身利益挂钩，形成正向激励机制，促进村民自觉提升数字化技术应用能力。

2. 重视高端数字化人才与旅游人才的引进

高端数字化人才与旅游人才具备丰富的专业知识和实践经验，能够为乡村数字建设与乡村旅游融合提供有力的智力支持和技术保障。

一方面，要优化人才引进政策环境。政府应制定更加灵活、开放的人才引进政策，为高端数字化人才与旅游人才提供具有竞争力的薪酬待遇、住房保障、子女教育等优惠政策。同时，建立健全人才评价机制和服务体系，为引进人才提供良好的工作和生活环境。

另一方面，拓宽人才引进渠道。通过举办人才招聘会、建立人才数据库、开展校企合作等方式，广泛吸引国内外优秀数字化人才与旅游人才到乡村地区工作和发展。特别是要加强与高校、科研机构的合作与交流，建立产学研用协同创新机制，推动科技成果在乡村地区的转化和应用。

此外，还应注重本土人才的挖掘和培养。通过设立专项基金、开展技能竞赛等方式，激励本土人才在数字乡村建设与乡村旅游融合领域发挥积极作用。同时，加强对本土人才的职业规划和培训指导，帮助其提升专业素养和综合能力，为乡村数字建设与乡村旅游融合贡献更多智慧和力量。

3. 重视提升乡村旅游从业者的数字服务水平

乡村旅游从业者作为直接与游客接触的服务提供者，其数字服务水平的提升对于提升游客满意度、增强乡村旅游竞争力具有重要意义。因此，必须加强对乡村旅游从业者的数字服务技能培训和管理监督。

首先，建立数字服务技能培训体系。针对乡村旅游从业者的不同岗位和职责要求，制订有针对性的数字服务技能培训计划和教学内容。通过举办培训班、现场教学、模拟演练等方式，帮助从业者掌握数字化服务工具的使用方法和技巧。同时，注重培养从业者的服务意识和职业素养，提高其服务质量和水平。

其次，加强数字服务平台的建设和管理。依托互联网、大数据等现代信息技术手段，建立乡村旅游数字服务平台，为游客提供便捷的信息查询、预订支付、评价反馈等服务。同时，加强对数字服务平台的管理和监督，确保其稳定运行和信息安全。通过定期维护和升级平台功能、优化用户界面和交互体验等方式，提升游客的使用体验和满意度。

最后，建立健全数字服务监督考核机制。制定乡村旅游数字服务标准和规范，明确从业者的服务要求和考核标准。通过定期检查和评估从业者的数字服务水平和服务质量，及时发现并纠正存在的问题和不足。同时，建立奖惩机制，对表现优秀的从业者给予表彰和奖励，对服务不规范的从业者进行通报批评和整改处理，形成正向激励和负向约束相结合的管理机制。

（三）关注市场需求，打造特色乡村数字旅游品牌

随着旅游市场的不断成熟和消费者偏好的多元化，乡村旅游不再仅仅是简单的自然风光游览，而是更加注重文化体验、个性化服务和情感共鸣。因此，在推动乡村数字建设与乡村旅游融合的过程中，必须紧密关注市场需求，以市场需求为导向，打造独具特色的乡村数字旅游品牌，以增强市场竞争力。

第一，做好市场需求调研，以市场需求为乡村数字旅游产品开发导向。市场需求是产品开发的前提和基础。在打造乡村数字旅游品牌之前，必须进行深入的市场调研，了解目标游客群体的消费习惯、偏好变化以及未来趋势。通过大数据分析、问卷调查、社交媒体监测等手段，收集并分析游客对乡村旅游的期望与反馈，准确把握市场需求动态。基于调研结果，制定有针对性

的产品开发策略，确保乡村数字旅游产品能够精准对接市场需求，满足游客的多样化需求。

第二，搭建乡村数字旅游产品开发平台。平台化是数字化时代产品开发的重要趋势。为了高效、系统地推进乡村数字旅游产品的开发，需要搭建一个集信息采集、创意设计、产品开发、营销推广等功能于一体的综合性平台。该平台应具备强大的数据分析能力，能够实时跟踪市场变化，为产品开发提供数据支持；同时，还应具备灵活的创意设计能力和高效的资源整合能力，能够快速响应市场需求，推出具有创新性和竞争力的乡村数字旅游产品。

第三，深度挖掘乡村旅游资源的内涵。乡村旅游资源是乡村数字旅游品牌的核心竞争力所在。各地乡村拥有丰富的自然景观、人文历史、民俗风情等独特资源，这些资源是打造乡村数字旅游品牌的重要素材。因此，在产品开发过程中，应深入挖掘乡村旅游资源的内涵，提炼其独特价值和文化精髓。通过创意性的表达方式和技术手段，将乡村旅游资源转化为具有吸引力的数字旅游产品，让游客在体验中感受到乡村的独特魅力和文化内涵。

第四，注重乡村数字旅游的整体布局，提升乡村数字旅游的集群品牌效应。乡村数字旅游品牌的打造并非孤立的行为，而是需要整个乡村地区的共同参与和协作。因此，在推动乡村数字建设与乡村旅游融合的过程中，应注重乡村数字旅游的整体布局和规划。通过优化乡村旅游资源的空间分布和交通网络，构建便捷的旅游服务体系；同时，加强乡村地区之间的合作与交流，形成优势互补、资源共享的协同发展格局。在此基础上，通过统一的品牌形象和营销策略，提升乡村数字旅游的集群品牌效应，增强市场影响力和竞争力。

综合而言，乡村是基层治理的重要场域，在国家不断推进治理体系现代化的进程中，乡村治理也必须不断创新，才能顺应新时代国家治理的要求。通过积极推动乡村数字化建设，将有效吸引一大批数字技术人才进入乡村，有助于进一步补齐乡村治理的人才短板。对于乡村旅游而言，通过发挥数字技术人才的作用，有助于统筹乡村各类资源参与乡村旅游活动，提升乡村旅游决策的科学性、高效性和准确性，进而提升乡村旅游治理的水平。

参考文献

[1] 陈慧英 . 乡村旅游发展理论实践与案例 [M]. 武汉：华中科技大学出版社，2024.

[2] 陈莫莹 . 数字赋能乡村旅游高质量发展探讨 [J]. 合作经济与科技，2022（12）：26–27.

[3] 崔勇前 . 新时代乡村旅游发展研究 [M]. 北京：中国商业出版社，2020.

[4] 邓帅涛，张豪杰 . 物联网技术在乡村旅游发展中的应用 [J]. 合作经济与科技，2024（1）：40–42.

[5] 窦志萍 . 乡村旅游：从理论到实践 [M]. 北京：中国旅游出版社，2022.

[6] 方琳 . 乡村振兴背景下的乡村康养旅游发展研究 [J]. 旅游纵览，2022（21）：73–75.

[7] 郭晨，王汉熙，陈志鹏 . 基于虚拟现实的乡村旅游发展模式创新研究 [J]. 武汉理工大学学报（信息与管理工程版），2021，43（4）：367–371.

[8] 郭亚军，曹卓，杜跃平 . 国外旅游者行为研究述评 [J]. 旅游科学，2009，23（2）：38–43.

[9] 韩修文 . 数字文旅赋能乡村旅游高质量发展研究 [J]. 旅游与摄影，2024（4）：88–90.

[10] 何杰，程海帆，王颖 . 乡村规划概论 [M]. 武汉：华中科技大学出版社，2020.

[11] 黄大勇 . 论乡村旅游发展中的环境问题 [J]. 重庆工商大学学报（社会科学版），2007（3）：55–58.

[12] 黄刚 . 乡村振兴背景下的康养旅游产业发展研究 [J]. 旅游与摄影，2022（21）：143–145.

[13] 黄鸿业 . 乡村旅游短视频的数字化生存与突围路径 [J]. 青年记者，2023（6）：62–64.

[14] 金秋平 . 动态的产品五层次概念 [J]. 商场现代化，2007（33）：36.

[15] 柯云芜 . 大数据背景下乡村旅游精准营销探究 [J]. 经营管理者，2023（1）：76–77.

[16] 李晓 . 数字化视域下乡村旅游转型发展研究 [J]. 经济论坛，2021（9）：38–43.

[17] 廖世超 . 旅游地生命周期的本质分析与应用 [J]. 商业时代，2006（18）：81–82.

[18] 刘军，阎芳，杨玺 . 物联网技术 [M]. 北京：机械工业出版社，2017.

[19] 牟婷婷 . 旅游地生命周期理论的评述及浅析 [J]. 技术与市场，2021，28（4）：154–155.

[20] 聂长海，陆超逸，高维忠 . 区块链技术丛书：区块链技术基础教程——原理方法及实践 [M]. 北京：机械工业出版社，2023.

[21] 唐娜娜，唐旭军 . 数字化赋能乡村旅游发展探析 [J]. 旅游纵览，2024（2）：84–86.

[22] 万小妹 . 数字文旅赋能乡村旅游高质量发展研究 [J]. 农村经济与科技，2022，33（9）：107–110.

[23] 王锦 . 数字乡村建设与乡村旅游融合：需求、困境及路径 [J]. 村委主任，2024（3）：124–126.

[24] 吴必虎 . 区域旅游开发的 RMP 分析——以河南省洛阳市为例 [J]. 地理研究，2001，20（1）：103–110.

[25] 张君 . 乡村旅游规划理论与实践研究 [M]. 北京：中国旅游出版社，2022.

[26] 张琳 . 乡村景观与旅游规划 [M]. 上海：同济大学出版社，2022.

[27] 张雅宁 . 乡村度假：一种很新的旅游方式 [J]. 云端，2024（22）：17–19.

[28] 赵庶旭，马宏峰，王婷 . 物联网技术 [M]. 成都：西南交通大学出版社，2012.

[29] 周丽霞，朱创业，郑雨 . 我国乡村旅游度假区开发问题与对策研究 [J]. 技术与市场，2009，16（1）：80–81.

[30] 周霄 . 乡村旅游发展与规划新论 [M]. 武汉：华中科技大学出版社，2017.

[31] 朱扬勇 . 大数据技术 [M]. 上海：上海科学技术出版社，2023.